Dieter Buck
Spazier-Ziele
in der Region Stuttgart

W0172154

Dieter Buck

Spazier-Ziele in der Region Stuttgart

- Entdecken
- Erleben
- Genießen

Silberburg-Verlag

Umschlagfoto: Spaziergang im Murrtal
Foto Seite 1: In Stuttgart-Rotenberg
Foto Seite 2/3: Blick auf Roßwag
Foto Seite 12: Blick vom Rosengarten auf das Kunstgebäude
Foto Seite 48: Geprägt vom Weinbau: das Remstal
Foto Seite 56: Mammutbäume bei Welzheim
Foto Seite 69: Am Steinheimer Rathaus
Foto Seite 80: Fachwerkhäuser in Roßwag
Foto Seite 90: Im Merklinger Ried
Foto Seite 106: Unterwegs im Würmtal
Foto Seite 121: Birkensee im Schönbuch
Foto Seite 153: Alter Wegweiser bei Neuhausen auf den Fildern

Dieter Buck

1953 geboren, verfasst der Stuttgarter seit vielen Jahren Wandervorschläge, Tipps für Rad-
touren und Reisebeschreibungen für verschiedene Zeitungen und Magazine im In- und Aus-
land. Außerdem veröffentlichte er zahlreiche Bücher: Wander-, Radwander- und Reiseführer.
Er war Herausgeber des »Schwaben-Kalenders« und ist Redaktionsleiter von »Schwaben
Alpin«. Dieter Bucks Themengebiete sind Süddeutschland, insbesondere Baden-Württemberg
und das Allgäu, sowie der deutsche und österreichische Alpenraum.

3. Auflage 2013

© 2007/2013 by Silberburg-Verlag GmbH,
Schönbuchstraße 48, D-72074 Tübingen.
Alle Rechte vorbehalten.
Alle Wegbeschreibungen erfolgen nach bestem Wissen und Gewissen.
Autor und Verlag können jedoch keine Haftung übernehmen, auch nicht
bei etwaigen Unfällen. Die Benützung des Buches geschieht auf eigenes Risiko.
Umschlaggestaltung: Frank Butzer, Tübingen, unter Verwendung
einer Fotografie von Dieter Buck, Tübingen.
Kartengrundlage: Topographische Karte 1:100 000 Baden-Württemberg
© Landesamt für Geoinformation und Landentwicklung Baden-Württemberg
(www.lgl-bw.de), vom 24.07.2007, Az.:2851.2-D/6020, bearbeitet durch den Verlag.
Außer Karten 1–5, 9, 10: Rasterdaten des Stadtmessungsamtes
der Landeshauptstadt Stuttgart, bearbeitet durch den Verlag.
Alle Bilder im Innenteil: Dieter Buck.
Lektorat: Werner Brenner, Rottenburg am Neckar.
Layout und Satz: textdesign, Martin Fischer, Tübingen.
Druck: Grammlich, Pliezhausen.
Printed in Germany.

Gedruckt auf zertifiziertem Papier:
Förderung nachhaltiger Waldbewirtschaftung –
nähere Informationen unter: www.pefc.org

PEFC/04-31-0878

ISBN 978-3-87407-758-3

Besuchen Sie uns im Internet
und entdecken Sie die Vielfalt unseres Verlagsprogramms:
www.silberburg.de

Inhalt

In und um Stuttgart

Zwischen Remstal und Neckar

Schwäbischer Wald

Neckarland

Albvorland und Filder

Spazierziele
in der Region Stuttgart

● **60 Spaziergänge**

Vorwort

Wandern gehört mittlerweile wieder zu den beliebtesten Freizeitbeschäftigungen. Aber nicht immer kann oder will man eine »richtige« Wanderung unternehmen, sei es aus Zeitmangel oder anderen Gründen. Aber etwas die Füße vertreten will man sich doch.

Deshalb sind in diesem Buch sechzig Spaziergänge beschrieben. Die meisten nehmen zwischen einer Stunde und zwei Stunden in Anspruch, ein paar dauern auch länger. Angaben über die Wegbeschaffenheit erleichtern es Eltern mit kleinen Kindern und Kinderwagen oder Spaziergängern, die nur auf festen Wegen unterwegs sein wollen, die für sie geeigneten Touren auszusuchen.

Die Spaziergänge führen zu bekannten Ausflugszielen, zu kulturellen, baulichen oder Natursehenswürdigkeiten. Bei vielen Zielen bietet sich eine Einkehrmöglichkeit, bei anderen spaziert man in erholsamer Einsamkeit durch die Landschaft.

Die Strecken dieser Spaziergänge liegen in allen Landschaften, die Stuttgart umgeben, einige auch in der Landeshauptstadt selbst. Nicht in diesem Buch enthalten ist die Schwäbische Alb, für die es im Silberburg-Verlag zwei gesonderte Führer gibt, die beiden Bücher »Spazier-Ziele westliche Alb« und »Spazier-Ziele östliche Alb«.

Schäferskulptur in Schafhausen

In der Regel kann man die Spaziergänge mit normalem Schuhwerk und bei jedem Wetter unternehmen. Wenn man auf Naturwegen und Pfaden gehen muss, ist dies in der Beschreibung vermerkt. In diesen Fällen sind stabile Schuhe empfehlenswert. Die Höhenunterschiede der beschriebenen Touren sind meist gering, kleinere Steigungen lassen sich jedoch nie ganz vermeiden – und gerade dieses Auf und Ab macht ja auch die Schönheit unserer Landschaft aus.

Dieter Buck

11

In und um Stuttgart

1 Viel Grün im Herzen der Landeshauptstadt

Durch die Stuttgarter Anlagen

Durch die ausgedehnten Stuttgarter Parkanlagen bummeln, vorbei an Seen, Springbrunnen, historischen Baudenkmälern, Museen und Blumenbeeten? Und ab und zu die Gelegenheit, ein Café oder einen Biergarten zu besuchen? Warum nicht? Dies hat im Frühling, wenn es überall blüht und knospt, seinen Reiz, im Sommer, wenn die Bäume voller Kraft stehen, oder im Herbst, wenn die Natur in allen Farben fast zu glühen scheint.

Dieser Vorschlag eines Spaziergangs durch einen Teil der Stuttgarter Anlagen kann natürlich vielfältig erweitert werden, sei es, dass man weiter durch den Park in Richtung Bad Cannstatt marschiert, dass man auf der anderen Seite in das historische Zentrum geht und einen Besichtigungsbummel unternimmt, oder sei es, dass man eines der Museen, die auf dem Weg liegen, aufsucht.

■ **Ausgangspunkt:**
Stuttgart, Arnulf-Klett-Passage.

■ **Wegverlauf:**
Der Ausgangspunkt *Arnulf-Klett-Passage* hat den Vorteil, dass sich hier alle Verkehrsverbindungen treffen. Auch wer mit dem Auto kommt, kann hier seinen Spaziergang in die Stuttgarter Anlagen beginnen, denn es gibt am Bahnhof einen Parkplatz und außerdem Tiefgaragen in der Nähe. Empfehlenswert ist es allerdings, sein Auto in einem Randbereich von Stuttgart abzustellen und mit öffentlichen Verkehrsmitteln zum Bahnhof zu fahren.

Wir verlassen die Arnulf-Klett-Passage in Richtung »Schlossgarten«. Nach dem Tiefgeschoss spazieren wir rechts am *Omnibusbahnhof* entlang in den *Mittleren Schlossgarten*. Nach ihm geht es weiter nach Osten in Richtung Bad Cannstatt. An schönen Tagen bevölkern zahlreiche Menschen die Liegewiesen mit den ehrwürdigen alten Bäumen. Es geht vorbei am Biergarten, etwas später sehen wir links einen alten Römerstein. Danach kommen wir zum *Café am See*.

Wir gehen links am See vorbei und halten uns an dessen Rückseite rechts. Es geht dann auf der anderen Seeseite zurück. Zuerst kommt man ein Stück weit durch eine Allee mit prächtigen alten Platanen mit dicken Stämmen, dann folgt eine hübsche Szenerie mit Wasserbecken, Wasserläufen, Brunnen, Blumenbeeten und Schilfbeständen. Etwas später sehen wir links das 1903 von Adolf Fremd geschaffene *Franz-Liszt-Denkmal,* danach die Ruine des *Lusthauses.*

Das **Neue Lusthaus** wurde 1580 bis 1593 von dem Baumeister Georg Beer erbaut und gehörte zu den schönsten Renaissancegebäuden des Landes. 1844/45 wurde es neu gestaltet, und 1904 nach einem Brand wurden die Reste hierher in den Mittleren Schlossgarten versetzt. Vorher stand es an der Stelle, wo sich heute das Kunstgebäude befindet. Danach sehen wir rechts ein von Fritz von Graevenitz geschaffenes **Denkmal** mit einem liegenden Löwen und der Inschrift »Dem Grenadierregiment Königin Olga 1673–1918«. Auch das Hölderlinzitat »Und du der Geisteskräfte gewaltigste! Du löwenstolze! Liebe des Vaterlandes« ist in den Sockel eingemeißelt.

Links folgt nun das *Carl-Zeiss-Planetarium.* Wer die sehenswerten Vorstellungen besuchen möchte, sollte allerdings Karten vorbestellen. Nach dem Planetarium liegt links der *Landespavillon,* dessen Vorhof mit einem Zeltdach gekrönt ist.

Dahinter finden wir das **Denkmal des Grafen Eberhard,** bei dem er seinen Kopf in eines »Untertanen Schoß« legt, und das an das Gedicht von Justinus Kerner »Der reichste Fürst« erinnert (»Ich mein Haupt kann kühnlich legen, jedem Untertan in Schoß …«). Das Denkmal wurde 1881 von Paul Müller gestaltet. Bevor wir auf dem Steg die Schillerstraße überqueren, sehen wir etwas weiter rechts die **Skulptur »Stuttgarter Tor«,** die 1977 von Thomas Lenk geschaffen wurde.

Der Ferdinand-Leitner-Steg wurde nach dem Generalmusikdirektor Ferdinand Leitner (1912–1996) benannt. Dahinter liegt links das Gymnasium *Königin-Katharina-Stift.* Wir queren den John-Cranko-Weg, benannt nach dem genialen Ballettdirektor (1927–1973).

Wer einen Museumsbesuch einschieben will, geht nach links durch das Sträßchen zwischen Königin-Katharina-Stift und Schauspielhaus zur Konrad-Adenauer-Straße; dahinter liegt die *Staatsgalerie.*

Die **Alte Staatsgalerie** wurde unter König Wilhelm I. 1838 bis 1843 in klassizistischem Stil u-förmig erbaut. Davor steht das Reiterstandbild des Königs. Rechts daneben befindet sich die **neue Staatsgalerie,** die 1979 bis 1984 von James Stirling erbaut wurde und seinerzeit großes Aufsehen erregte. Danach folgt das **Haus der Geschichte,** in dem Wissenswertes aus der Geschichte des Landes zu sehen ist.

Ohne diesen Abzweig befinden wir uns hier im Oberen Schlossgarten, der anlässlich der Bundesgartenschau 1961 neu gestaltet wurde. Links sehen wir das *Schauspielhaus*.

Dieses **Kleine Haus des Württembergischen Staatstheaters** wurde 1907 bis 1912 unter König Wilhelm II. errichtet, Architekt war Max Littmann. Nach der Zerstörung 1944 wurde es 1959 bis 1962 durch Hans Volkart wieder aufgebaut. Die **Metallplastik** davor stammt von Wander Bertoni (1960).

Hinter dem Schauspielhaus sehen wir links den figurengeschmückten *Schicksalsbrunnen.*

Der **Schicksalsbrunnen** wurde 1914 von Professor Karl Donndorf und R. W. Schönfeld im Jugendstil gestaltet und stand bis 1963 vor dem Künstlereingang der Württembergischen Staatsoper. In der Mitte sitzt die Schicksalsgöttin mit ausgebreiteten Armen. In ihren geschlossenen Händen hält sie das Schicksal der Menschen verborgen. Rechts und links stehen zwei Liebespaare, die Leid beziehungsweise Freude darstellen. Bei der Allegorie des Leids verbirgt ein verzweifelter Mann seinen Kopf im Schoß einer Frau, rechts trägt ein sitzender Mann einen Siegeskranz, hält die volle Lebensschale in der Hand und eine Frau schaut glücklich zu ihm auf. Der Brunnen trägt die Inschrift:

»Aus des Schicksals dunkler Quelle / Rinnt das wechselvolle Los / Heute stehst du fest und groß / Morgen wankst du auf der Welle.«

Das nun folgende *Schillerdenkmal* wurde 1905 von Adolf Donndorf geschaffen. Nach dem Denkmal kommen wir zum *Großen Haus.*

Das **Große Haus** wurde 1909 bis 1912 als königliches Hoftheater, ebenfalls von Max Littmann, in neoklassizistischen Formen erbaut. Dieses Gebäude wurde im Krieg nicht zerstört und Anfang der 1980er-Jahre nach wiedergefundenen Littmann-Plänen restauriert.

Nun spazieren wir links des *Eckensees* entlang. Der schwarze Kubus links ist der *Landtag.*

Das **Landtagsgebäude** wurde 1959 bis 1961 als erster Neubau eines Landesparlaments in der Bundesrepublik von den Architekten Kurt Viertel, Erwin Heinle und Horst Linde nach dem Vorbild Mies van der Rohes errichtet. Der dreigeschossige Bau besitzt eine dunkel verglaste Spiegelfassade, in der Empfangshalle findet man eine Fossilienwand aus Holzmadener Schwarzjura.

Am Ende des Eckensees stoßen wir auf das *Neue Schloss,* wo wir nach rechts abbiegen.

Das **Neue Schloss** wurde 1747 bis 1807 von dem brandenburgischansbachischen Baudirektor Leopold Retti, später unter anderem unter der Leitung von Philippe de la Guê-pière, Reinhard Ferdinand Fischer und Nikolaus von Thouret nach französischem Vorbild im Stil des Barock erbaut. Bauherr war Herzog Carl Eugen (1737–1793). Im Zweiten Weltkrieg wurde das Schloss zerstört und nach langen Diskussionen 1958 bis 1964 wieder aufgebaut. Richard von Weizsäcker, Bundespräsident von 1984 bis 1994, wurde in einem Mansardenzimmer des Schlosses geboren. Hinter dem Schloss stand eine Kaserne, in die 1775 die auf der Solitude gegründete Militärakademie verlegt wurde.

Rechts des schmalen Durchgangs steht das *Kunstgebäude*.

Das **Kunstgebäude** wurde 1910 bis 1913 von Theodor Fischer errichtet, im Zweiten Weltkrieg zerstört und 1956 bis 1961 von Paul Bonatz und Günter Wilhelm wieder aufgebaut. An seiner Stelle stand vorher das 1902 abgebrannte Hoftheater, das auf das 1593 erbaute Lusthaus zurückging. Der Hirsch auf dem Dach, das württembergische Wappentier, stammt von Ludwig Habich.

Jubiläumssäule auf dem Schlossplatz

Durch die Bolzstraße gehen wir hoch zur Königstraße. Links liegt der weiträumige *Schlossplatz*. Ihn beschrieb bereits 1797 Johann Wolfgang von Goethe als »anständig, frei und breit«.

Auf dem **Schlossplatz** sehen wir zwei Brunnen und die dreißig Meter hohe Jubiläumssäule, die 1841 bis 1846 zur Erinnerung an das 25-jährige Regierungsjubiläum König Wilhelms I. erbaut wurde. Die gusseisernen **Springbrunnen** wurden 1863 geschaffen und nach den Zerstörungen im Zweiten Weltkrieg wiederhergestellt. An der Nordostecke befindet sich ein **Standbild von Herzog Christoph** von 1889. Die Reliefs zeigen Szenen aus dem Leben des Herzogs.

Auf der Nordseite des Schlossplatzes sehen wir den *Königsbau*.

Der spätklassizistische **Königsbau** wurde 1855 bis 1859 in Form eines griechischen Tempels errichtet. Er ist 135 Meter lang und mit 34 Säulen verziert.

Wer den Bummel beenden will, hält sich an der Königstraße rechts. Rechts liegt die *Domkirche Sankt Eberhard.*

Die **Domkirche Sankt Eberhard** wurde 1775 von Reinhard Ferdinand Fischer entworfen und 1808 von Nikolaus Thouret als klassizistische Kirche erbaut. Sie war die erste ka-

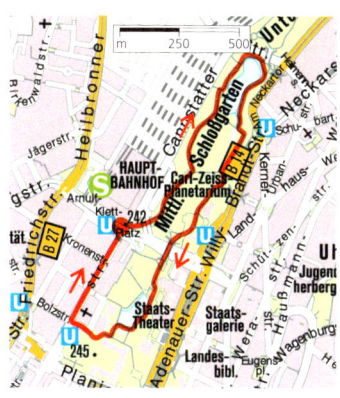

tholische Kirche seit der Reformation in Stuttgart.

Danach spazieren wir vorbei am »Pusteblumenbrunnen« zum *Bahnhof.*

Der **Bahnhof,** dessen markanten Turm ein Mercedesstern krönt, wurde 1911 bis 1928 von Paul Bonatz und Friedrich Scholer erbaut und ist ein beispielgebendes Bauwerk aus der Zeit des Übergangs vom Historismus zur Neuen Sachlichkeit. Sein Turm weist eine Höhe von 58 Metern auf.

■ **Zeit:**
  Etwa 1 Stunde.

■ **Empfohlene Karte:**
  Stadtplan der Landeshauptstadt Stuttgart.

■ **Wegbeschaffenhei**
  Kinderwageneignung:
  Asphaltierte Wege.

2 Aussicht und eine Villa

Über Uhlandshöhe und Villa Berg in den Schlossgarten

Diese Tour ist ein wunderschöner kurzer Spaziergang, wie geschaffen für einen Sonntagnachmittag, wenn man keine größeren Pläne hat, wenn das Wetter sich vielleicht nach einem regnerischen Morgen gebessert hat oder man sich einfach nur ein bisschen die Füße vertreten will. Wer den Stuttgart-Spaziergang um rund eine halbe Stunde verkürzen will, startet an der Stadtbahnhaltestelle Karl-Olga-Krankenhaus. Schöner ist natürlich die längere Variante, vor allem an Tagen mit klarer Sicht.

■ **Ausgangspunkte:**
Straßenbahnhaltestelle Heidehofstraße.
Stadtbahnhaltestelle Karl-Olga-Krankenhaus.

■ **Endpunkt:**
Stadtbahnhaltestelle Mineralbäder beziehungsweise Bahnhof.

■ **Wegverlauf:**
Wir gehen an der *Haltestelle Heidehofstraße* auf die Ostseite der Gerokstraße und zu der kleinen Grünanlage. Hier spazieren wir, vorbei am *Werkstatthaus,* nach oben. Das Jugendstilgebäude ist die 1904 im Burgenstil erbaute Villa Hauff. Sie ist mit neoromanischen und gotischen Steinmetzarbeiten geschmückt. Wo an den bronzenen

Mädchenstatue von Bernd Stöcker nach rechts der Karl-Donndorf-Weg abzweigt, gehen wir nach rechts hoch zum Aussichtspunkt *Uhlandshöhe* (357 m).

Die rund 1,2 Hektar große Parkanlage auf der **Uhlandshöhe** wurde in den Jahren 1861 bis 1896 vom Verschönerungsverein Stuttgart angelegt. Die Büste Ludwig Uhlands wurde zuerst 1855 im Liederhallengarten aufgestellt, Schöpfer war der Bildhauer Ernst Rau.

Ansonsten spazieren wir geradeaus weiter. Es kommen rechts ein schöner Spiel- und ein Minigolfplatz, links ein Aussichtspunkt. Nach der Gärtnerei sehen wir rechts die Sternwarte. Auf dem Trinkwasserbehälter mit der Aufschrift »Staedt. Wasser-Werk 1893« befindet sich eine Aussichtsplattform, die uns einen schönen Blick ins Neckartal und zum Kappelberg im Hintergrund bietet.

Danach spazieren wir die Straße Zur Uhlandshöhe bergab bis zur nach rechts abgehenden Schellbergstraße. Ab hier gehen wir auf dem Daniel-Stocker-Weg abwärts, teilweise auf den für Stuttgart typischen, schluchtartig wirkenden Stäffele. Wir queren die Ameisenbergstraße und kommen zum Urachplatz.

Hier können wir zuerst nach links einen Abstecher in die Straße Werfmershalde machen. Haus Nr. 21 ist ein herrschaftliches Anwesen von 1906/07, das man zwar kaum sieht, das aber durch ein prächtiges Gartentor geschützt ist. Danach kommt das im anthroposophischen Stil errichtete *Gebäude der Christengemeinschaft.*

Unterhalb der Uhlandshöhe wurde 1919 im Auftrag des Zigarettenfabrikanten Emil Molt die erste Waldorfschule gegründet. Das pädagogische Konzept erarbeitete Rudolf Steiner, der Begründer der Anthroposophie. Hier befinden sich außer dem **Haus der Christengemeinschaft** auch andere anthroposophische Gebäude wie das Rudolf-Steiner-Haus oder das Eurythmeum. Wie man sieht, wurde beim Bau der als unorganisch verstandene rechte Winkel vermieden, dafür findet man einen lebhaft bewegten Baukörper.

Nun gehen wir zurück zum Urachplatz und biegen nach links in die Urachstraße ein. Links sehen wir mit den Gebäuden Nr. 1 und 5 bis 19 schöne bürgerliche Backsteinhäuser aus der Zeit zwischen 1893 und 1898, die interessante Baudetails aufweisen. Danach queren wir die Landhausstraße. Gegenüber liegt die 1903 erbaute *Realschule Ostheim,* die ein prächtiges Portal und einen geschweiften Giebel im Stil der Neorenaissance besitzt. Nach rechts sollten wir die Häuser Schwarenbergstraße Nr. 47 bis 53 beachten, schöne Backsteinhäuser, die zum Teil mit Erkern verziert sind und Anfang des 20. Jahrhunderts erbaut wurden. Wir biegen nach links ab in die Schwarenbergstraße und spazieren auf die bereits sichtbare *Heilandskirche* zu. Vorher queren wir noch die Hackstraße.

Hier beginnt nun auch die kürzere Variante dieses Spaziergangs. Wer erst hier in der Hackstraße an der Haltestelle Karl-Olga-Kranken-

Nymphengruppe vor Schloss Rosenstein

haus startet, sollte ab der Haltestelle Stöckach aufmerksam aus
dem Fenster schauen. Man kann
in der Hackstraße immer wieder ein
schönes Jugendstilhaus entdecken.
Ab der Haltestelle Karl-Olga-Krankenhaus geht man durch die Schwarenbergstraße zur Heilandskirche.
Vor der Kirche sollte man rechts
des Grasrondells den imposanten
Bau des Karl-Olga-Krankenhauses
beachten.

Die **evangelische Heilandskirche**
wurde 1912/13 in der Zeit des
Jugendstils dank einer Stiftung der
Herzogin Wera von Württemberg
im Stil der Neoromanik von Ludwig
Eisenlohr errichtet, der dabei auf
»mittelmeerische« Formen Bezug

nahm. Sie wurde bis auf den
Turm und die Vorhalle 1944 von
Bomben zerstört und 1964 in ver-
änderter Form wieder aufgebaut.
Die Kirche besitzt einen prächtig
geschmückten Eingangsbereich mit
Rundbogen, Säulen und Figuren-
friesen.

Nun hält man sich in der Sickstraße
rechts und zweigt etwas später nach
links in den Park der *Villa Berg* ab.
Man geht kurz hoch, dann kann
man sich links halten. Hinter den
hohen Bäumen sieht man gut auf
die Heilandskirche und die Stadt
hinab; im Frühjahr bezaubert eine
kleine Streuobstwiese mit blühenden Bäumen davor. Ansonsten sollte
man sich den Park mit seinem herr-

lichen alten Baumbestand links und rechts der auf der Spitze des Hügels stehenden Villa ansehen.

Die **Villa Berg** (268 m) wurde 1845 bis 1853 im Stil der italienischen Renaissance von Christian Friedrich Leins für den Kronprinzen Karl erbaut. Nach seiner Hochzeit mit der russischen Großfürstin Olga Nikolajewna wurde die Villa von ihm als Sommersitz genutzt. Später diente sie Herzogin Wera als Witwensitz. Im Krieg wurde sie zerstört und danach in vereinfachtem Stil wieder aufgebaut. Ab 1913 gehörte sie der Stadt, heute sitzt hier der Südwestrundfunk (SWR). Die Villa ist von einer großen Parkanlage mit prächtigem altem Baumbestand umgeben. Der Park wurde Mitte des 19. Jahrhunderts von Friedrich Neuner angelegt und steht heute unter Denkmalschutz.

Danach geht man nördlich der Villa hinab, sieht zwei Steintische aus Maulbronner Sandstein, kommt an der Weinstube vorbei und spaziert durch einen kleinen Grüngürtel auf den Unteren Schlossgarten zu.

Nach der ersten Brücke gehen wir nach rechts in die Steubenstraße hinab. Wir folgen zunächst dieser Straße und biegen in die Obere Straße nach rechts ab. Hier sehen wir mit den Gebäuden Nr. 5, 7 und 9 schöne Backsteinhäuser aus der Zeit um 1900. Nach rechts kann man noch einmal zum Park der Villa Berg sehen, dann treffen wir auf die

Ottostraße, der wir nach links zur neugotischen *Berger Kirche* folgen. Nun spazieren wir die Klotzstraße hinab zum Schwanenplatz. Das Eckhaus rechts ist ein bemerkenswertes Jugendstil-Backsteinhaus mit Erkern und Figurenschmuck.

Der Stadtteil **Berg** entstand vermutlich bereits im 12. Jahrhundert als Burgsiedlung. Hier mündete der Nesenbach in den Neckar, und aufgrund der günstigen Lage soll es an diesem Ort früher Mühlen gegeben haben. Um sie eisfrei zu halten, hat man um 1830 artesische Brunnen gebohrt, aus denen 20 °C warmes Wasser sprudelte. Hier wurde einst das Flößergewerbe betrieben.

Wir gehen rechts am Parkplatz vorbei bis zur Stadtbahnlinie, hinter der wir die *Berger Sprudler* sehen. Wir halten uns links und kommen zur *Stadtbahn-Haltestelle Mineralbäder.*

Nun müssen wir uns entscheiden. Man kann sich entweder hier an den Seen entspannen und dann an der Haltestelle Mineralbäder in die Stadtbahn einsteigen. Man kann aber auch hinter den Seen hoch zum Schloss Rosenstein gehen, dort den Park mit der Nymphengruppe genießen und sich vielleicht das Schloss mit seiner berühmten naturkundlichen Sammlung ansehen.

Erste Arbeiten, die später zum **Schloss Rosenstein** führten, begannen bereits 1810, als König

Friedrich I. die Hauptallee des Schlossparks vom Stuttgarter Schloss fast bis nach Cannstatt verlängern ließ. 1818 begann König Wilhelm I. auf dem damals noch Kahlenstein genannten Hügel sich einen Sommersitz im Stil des Klassizismus zu errichten. Erbaut wurde die Anlage dann 1824 bis 1829 nach Plänen von Giovanni Salucci. Sie wurde in der Art eines weiträumigen, vornehmen Landhauses im italienischen Stil mit Terrassen, Teichen, Springbrunnen, Rosengarten und Skulpturen errichtet. Vor dem Schloss steht an einem Becken eine Kopie der Nymphengruppe von Johann Heinrich Dannecker, die 1982 von der Bildhauerin Doris Schmauder nachgebildet wurde. Im Rosengarten befinden sich Skulpturen, die als »weibliche Nuditäten« bereits den einstigen Reichskanzler Bismarck beeindruckten. Der Park um das Schloss wurde von König Wilhelm I. im Stil eines englischen Landschaftsgartens angelegt und umfasst mit rund hundert Hektar immer noch etwa sechzig Prozent seiner einstigen Fläche. Er wirkt mit seinem alten Baumbestand auch heute noch recht naturbelassen. Im Schloss befindet sich ein reich ausgestattetes Naturkundemuseum.

Wer will, geht sogar, sich am Schloss in nordwestlicher Richtung haltend, weiter bis zum *Museum am Löwentor*. Zu ihm biegt man nach dem Spielplatz vor dem großen Gebäude nach links ab.

Im 1981 bis 1985 erbauten **Museum am Löwentor** werden berühmte Funde aus längst vergangenen Zeiten gezeigt. Berühmt sind insbesondere die Saurier der Triaszeit (zum Beispiel Dinosaurier aus Trossingen) oder die ältesten Schildkröten der Erdgeschichte, Funde aus Holzmaden, Säugetiere aus dem Tertiär und der Eiszeit.

Danach kann man an der S-Bahn-Station Nordbahnhof (S 4, S 5, S 6) einsteigen und zurückfahren.

Eine weitere Möglichkeit ist es, wenn man sich an den Seen links hält und durch den Unteren und Mittleren Schlossgarten bis zum *Hauptbahnhof* zurückspaziert.

Die ehemals königlichen Schlossgärten wurden anfangs des 19. Jahrhunderts von König Friedrich I. angelegt. Die **Anlagen im Unteren Schlossgarten** wurden anlässlich der Bundesgartenschau 1977 neu gestaltet und erinnern mit den Seen und den Bächlein an eine romantische Wiesenlandschaft. Zuerst spaziert man durch Wiesen, unter mächtigen Bäumen, zwischen Blumenrabatten und einem sich schlängelnden Bach – und wenn man Glück hat, sieht man sogar einen Graureiher! Es gibt einen großen Spielplatz, einen Kiosk, um Durst und Hunger zu bekämpfen, und einen Grillplatz. Einrichtungen für Kinder sind das Spielhaus des Vereins Stuttgarter Jugendhaus e.V. (Öffnungszeiten montags bis freitags von 13 bis 18 Uhr) und die Jugendverkehrsschule. Vor der Grünen Brücke stehen rechts die zwei Rossebändiger von Johannes Ludwig Hofer (1847/48). Einer alten, deshalb aber trotzdem nicht wahren Geschichte zufolge soll sich der Bildhauer das Leben genommen haben, als er feststellte, dass die Pferde keine Zungen haben. Die Gruppe besteht aus Carrara-Marmor und ist eine freie Nachbildung der Dioskurengruppe vom Monte Cavallo in Rom.

Nach der Überquerung der Cannstatter Straße kommen wir in den *Mittleren Schlossgarten*.

■ **Zeit:**
Etwa 2 Stunden.

■ **Empfohlene Karte:**
Stadtplan der Landeshauptstadt Stuttgart.

■ **Wegbeschaffenheit/ Kinderwageneignung:**
Asphaltierte Wege, teils Staffeln.

3 Durch den Stuttgarter Osten

Von der Geroksruhe nach Berg

Bei dieser Bergabwanderung bekommen wir einen guten Eindruck vom Stuttgarter Osten. Wir sehen neben den unvermeidlichen Bausünden der jüngeren Vergangenheit schöne Bürgerhäuser in Stilformen zwischen Historismus und Jugendstil, kleinbürgerliche Wohnhäuser und am Schluss noch die prächtige Villa Berg. Wer Sinn für kleine Kunstwerke hat, wird so manches architektonische Kleinod und Schmuckelement entdecken.

■ **Ausgangspunkt:** .
Geroksruhe.

■ **Rückfahrt:**
Haltestelle Mineralbäder in Stuttgart.

■ **Wegverlauf**
Wir gehen von der *Haltestelle* aus zur östlichen Straßenseite und dort zur *Geroksruhe*. Dann spazieren wir auf dem rechts neben der Grünanlage steil hinabführenden

Gablenberger Weg. Gleich rechts sehen wir einen kleinen *Brunnen* in Jugendstil-Schmuckformen.

Der **Rudolf-Keller-Brunnen** ist mit einem grottenartigen Rundbogen aus Muschelkalk und einer Teufelsfratze geschmückt und trägt die Inschrift »Errichtet zum Andenken an Rudolph Keller«. Geschaffen wurde er 1909 von Professor Adolf Fremd.

Nach der querenden Albert-Schäffle-Straße geht es auf der Gablenberger Hauptstraße weiter. Wir beachten die interessante Mischung von stolzen und verzierten Bürgerhäusern und den kleinen Wohnhäuschen der einfachen Leute.

Am *Schmalzmarkt* sehen wir einen schönen Brunnen. Der kleine Platz ist von einem Wassergraben umzogen. Kurz danach gehen wir auf ein schönes Bauensemble zu, ein Bürgerhaus aus gelben Backsteinen und die dahinter stehende *Petruskirche*.

Die evangelische **Petruskirche** wurde in einer Mischung zwischen Historismus (Neogotik) und Jugendstil 1900 bis 1902 von Theophil Frey aus rotem Maulbronner Sandstein und Backsteinen erbaut.

Danach biegen wir nach rechts in die Schlösslestraße ein, in der wir eine Reihe prächtiger Jugendstilhäuser mit zartfarbenen Fassaden und schönen Erkern, Eingängen und Fensterformen aus der Zeit zwischen 1909 und 1913 bewundern können. An der Klingenstraße sehen wir bemerkenswerte Backsteinhäuser. Nun halten wir uns links und gehen durch die Libanonstraße zurück zur Gablenberger Hauptstraße, der wir weiter nach rechts folgen.

An der Ecke zur querenden Pflasteräckerstraße steht links ein prächtiges Haus mit schön geschmücktem Erker. Wir kommen nun zur Wagenburgstraße, die ihren Namen von einer erfolglosen Belagerung der Stadt durch König Rudolf 1286/87 hat. Am Veranstaltungszentrum »Laboratorium« biegen wir nach links ab. Auch hier gibt es etliche schöne Fassaden, Erker und Hauseingänge. In Höhe der Kniebisstraße steht in der Mitte der Straße ein altes *Steinkreuz*. Etwas später werfen wir nach links einen Blick in die Lembergstraße, wo wir eine schöne Ecke Alt-Stuttgart mit verschachtelten Häusern und einer Staffel sehen. Danach quert die Schwarenbergstraße. Gehen wir in ihr ein Stück nach links, sehen wir auf der linken Seite eine geschlossene, mauerartige Häuserzeile: Die Häuser rechts sind durch Erker aufgelockert. Wir halten uns aber rechts in die Schwarenbergstraße.

Auch hier können wir die eine oder andere sehenswerte Fassade bewundern. Schön sind insbesondere die Backsteinhäuser Nr. 65 bis 57; an den Häusern Nr. 51 und 53 beachten wir die Eingänge und die Erker. An der querenden Rotenbergstraße halten wir uns rechts.

Am besten gehen wir auf der linken Straßenseite, dann haben wir den schönsten Blick auf die rechts stehenden Backsteinhäuser. Auch die evangelische *Lukaskirche* ist aus Backstein im Stil eines alten Domes erbaut.

Rechts stehen zwischen der Rotenberg- und der Haußmannstraße die Häuser der **Kolonie Ostheim,** die 1891 bis 1903 von den Architekten Friedrich Gebhardt, Karl Heim und Karl Hengerer vorwiegend aus Backstein mit Natursteinelementen und Fachwerk errichtet wurden. Auftraggeber war der von dem Wohltäter Dr. Eduard (von) Pfeiffer, einem der reichsten Männer des Landes, gegründete »Verein für das Wohl der arbeitenden Klassen«. Pfeiffer (1835–1921), der sich als Schriftsteller betätigte, wurde 1909 zum Ehrenbürger Stuttgarts ernannt. Der König ernannte ihn zum Hofrat, was mit dem so genannten Personaladel verbunden war. Der Geehrte legte allerdings keinen Wert auf Titel. 2004 wurde der vorherige Teckplatz in Eduard-Pfeiffer-Platz umbenannt, wobei der bei der Einweihung anwesende Bürgermeister sagte: »Es gibt bis heute kaum einen Stuttgarter, der derart nachhaltige soziale Taten vollbracht und das Stadtbild verändert hat.«

Die Siedlung bestand aus 383 Häusern mit 1267 Wohnungen und gehört zu den bedeutendsten Baden-Württembergs aus dieser Zeit. Hier lebten sowohl Arbeiter wie

auch verarmte Handwerker, Angestellte und Freiberufler zusammen. Auch städtebaulich war die Siedlung vorbildlich, gab es doch in ihrem Innenraum Gassen und Brunnenplätze, Gemeinschaftseinrichtungen und eine variationsreiche Außengestaltung mit Fachwerkgiebeln, Mansarddächern, erkergeschmückten Backsteinfassaden und teilweise Innen- und Vorgärten. Da die reicheren Bürger nach und nach die Gegend verließen, entstanden im Umkreis weitere Sozialsiedlungen. Auch die Siedlung Südheim geht auf den »Verein für das Wohl der arbeitenden Klassen« zurück.

An der Ostendstraße biegen wir nach links ab und spazieren bis zur Hackstraße, wo wir einen Blick auf das schön geschmückte Eingangsportal mit seinen neubarocken Bauelementen und das Eingangshäuschen (1904) des *Bergfriedhofs* werfen sollten. Danach folgen wir der Ostendstraße geradeaus weiter bis zur Sickstraße und gehen nach ihr hinein in den *Park* der Villa Berg.

Wir spazieren im Park links an der prächtigen Villa vorbei und danach abwärts. Gleich nach dem ersten Steg, dem Trollingersteg, sehen wir links den Japangarten.

Der **Japangarten** wurde bei der Internationalen Gartenausstellung 1993 (IGA) im Auftrag der japanischen Provinz Kanagawa im Stil japanischer Hausgärten im Bereich der Nationengärten angelegt. Das von verschieden gearbeiteten Bambuszäunen umgebene kleine Areal ist eine Welt für sich – mit Bäumen, einem angedeuteten Bachlauf und mit Felsen. Blumen findet man nicht, denn ihre Farbigkeit würde nur ablenken.

Vor dem Rieslingsteg halten wir uns rechts und spazieren am *Mineralbad Berg* vorbei zur Haltestelle Mineralbäder. Rechts von der Haltestelle sehen wir die *Berger Sprudler,* »Überbleibsel« der Bundesgartenschau 1977.

Die zehn **Berger Sprudler** wurden 1977 von den Professoren Hans Lutz und Max Bächer geschaffen. Sie symbolisieren die reichen Mineralwasservorkommen, die unter anderem in den nahe gelegenen Mineralbädern Leuze und Berg genutzt werden. Die Betonkegel sind fünf Meter hoch.

Wer die sehenswerte Berger Kirche aufsuchen möchte, geht nach dem Trollingersteg nach rechts hinab zur Steubenstraße und folgt ihr nach Nordwesten. Über die Storrstraße kommt man zur Klotzstraße und auf ihr nach rechts zur *Kirche.*

Die **evangelische Pfarrkirche in Berg** wurde 1853 bis 1855 von Baumeister Ludwig Friedrich von Gaab auf einem Bergsporn über dem Neckar errichtet. Davor stand hier bis 1287 eine Burg mit einer Burgkapelle (Marienkapelle), ab 1470 die gotische Dorfkirche. Die heutige Kirche war der erste neugotische Kirchenbau in Württemberg. Von der Vorgängerkirche blieb noch der alte Taufstein erhalten, der mit gotischem Ranken-werk verziert ist. Hinter der Kirche bietet sich uns ein Blick auf den Cann-statter Wasen und den Kappelberg.

Nun geht man die Klotzstraße hinunter zum Schwanenplatz und weiter zur Halte-stelle Mineralbäder.

Wer die Tour noch verlängern möchte, spaziert durch den Schloss-garten zum Bahn-hof. Man kann aber auch hoch zum Schloss Rosen-stein gehen und das Museum besuchen oder, wenn man die Badesachen einge-packt hat, den Tag in den Mineralbädern Berg oder Leuze ausklingen lassen.

Schöner Brunnen vor der Villa Berg

Wer mit der Stadtbahn in Rich-tung Zentrum fährt, sollte bis zur Haltestelle Stöckach links und rechts aus dem Fenster schauen – hier sieht man immer wieder Häuser mit Fassaden im Stil des Historismus und des Jugendstils.

■ **Zeit:**
Etwa 1½ Stunden.

■ **Höhenunterschied:**
Unwesentlich.

■ **Empfohlene Karte:**
Stadtplan der Landeshauptstadt Stuttgart.

■ **Wegbeschaffenheit/ Kinderwageneignung:**
Asphaltierte Wege.

4 Durch Wald und Wohngebiete

Von der Geroksruhe zur Weißenburg

Diese Wanderung beginnt an der Geroksruhe, die uns einen ersten prächtigen Blick über Stuttgart bietet. Durch Wald spazieren wir dann zum Haigst, wo es weitere Fernblicke gibt, und weiter zur Weißenburganlage, wo uns außer einem herrlichen Blick über die Stadt ein stilvolles Teehaus erwartet. Der Weiterweg hinab zur Haltestelle führt durch Wohngebiete, die mit ihren großbürgerlichen Gründerzeithäusern einen fast meinen lassen, durch ein Pariser Quartier zu spazieren. Wer Kinder hat, unternimmt vielleicht nur den kurzen Spaziergang zum Haigst und verwöhnt sie hierbei mit zwei Spielplätzen und einer Grillmöglichkeit.

■ **Ausgangspunkt:**
Geroksruhe.

■ **Rückfahrt:**
Haltestelle Weinsteige beziehungsweise Österreichischer Platz.

■ **Wegverlauf:**
Zuerst sollten wir zu der kleinen Aussichtsplattform gehen.

Die **Aussichtsplattform Geroksruhe** (417 m) ist nach Karl von Gerok (1815–1890) benannt. Er war Prälat und Oberhofprediger. Ihm widmete der Verschönerungsverein Stuttgart ein schönes Bronzerelief. Gerok klagte 1867 wie folgt – und man meint gerade, er hätte in die Zukunft sehen können: »Siehe vom Berge die Stadt, wie sie wachsend

mit heiteren Straßen bald hin zum Rande des Tals grünendes Becken erfüllt! Ja, doch seh ich nicht mehr der Kindheit trauliche Pfade, wieder ein Stück Paradies find ich mir heute verbaut.«

Auf der Aussichtsplattform gibt es eine Bronzetafel, die erklärt, was man sieht. Der Blick reicht über Gablenberg und Ostheim ins Neckartal und weiter nach Norden und Osten.

Markante Punkte sind bei guter Sicht beispielsweise der Königstuhl bei Heidelberg, der Katzenbuckel im Odenwald, die Heuchelberger Warte, der Stocksberg bei Löwenstein, der Juxkopf, der Eselsberg und Häfnerhaslach. Bei der Aussichtsplattform befindet sich auch ein Spielplatz.

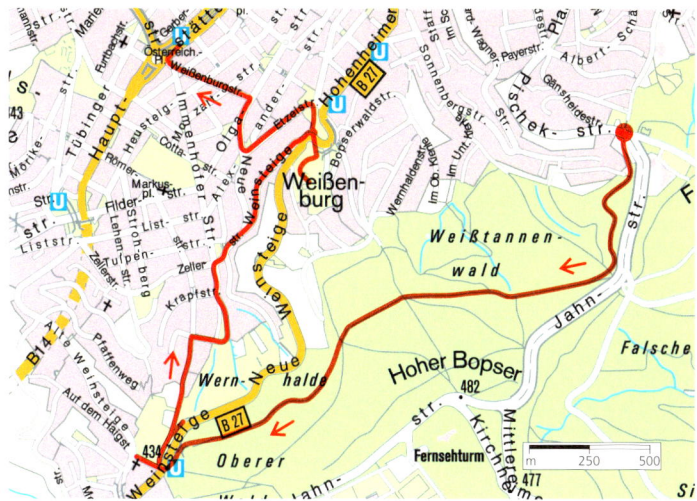

Dann überqueren wir die Jahnstraße und halten uns hinter dem Parkplatz links. Wir kommen in den Wald und gehen erst auf dem R.-Büchelen-Weg parallel zur Straße. Nachdem das Dobelsträßle nach rechts abgezweigt ist, zieht auch unser Waldweg, nun Olgaweg, nach rechts. Rechts sehen wir bald eine tief eingeschnittene Klinge, danach kommt links eine kleine *Hütte*. An der Wegspinne danach gehen wir geradeaus auf dem Mittleren Wernhaldeweg weiter bis zur Bopserhütte, wo sich eine Grillmöglichkeit und ein schöner Spielplatz befinden. Wir halten uns links und spazieren auf dem direkt an der Hütte vorbeiführenden Weg weiter. Bald erreichen wir das *Umspannwerk Degerloch,* am letzten Haus nehmen wir die nach rechts hinabziehende Straße, die uns zur Weinsteige bringt. Wir

überqueren sie; auf der anderen Seite, etwas stadteinwärts, steht das Etzeldenkmal.

Das **Etzeldenkmal** ist dem Erbauer der Neuen Weinsteige gewidmet, wie man aus den Inschriften entnehmen kann: »ETZEL / ERBAUTE DIE / NEUE WEINSTEIGE / IN DEN JAHREN / 1826 / BIS 1831«, »DEM / KÖNIGL. WÜRT. / OBERBAURATH / V. ETZEL / COMTHUR / D. ORD. D. WÜRT. / KRONE« und »DEM / TREFF-LICHEN / GEWEIHT / VON SEI-NEN / FACHGENOSSEN / UND / VER-EHRERN / 1842«. Oberbaurat Etzel war auch am Bau der Brenner- und Semmeringbahn beteiligt.

Nun gehen wir etwas bergauf. Wer will, kann hier die Tour bereits beenden und an der Haltestelle Weinsteige in die Stadtbahn einsteigen.

Fährt man stadteinwärts, kann man am Bopser aussteigen und die Weißenburganlage besuchen. Wer mit der Zahnradbahn fahren will, folgt am Ende der Haltestelle der Straße Auf dem Haigst nach rechts bis zur Alten Weinsteige, wo sich eine Haltestelle der Zahnradbahn befindet.

Ansonsten nehmen wir gleich an der Ampel die nach rechts steil hinabführende Römerstraße. Teilweise mit Aussicht bringt sie uns zwischen Gärten und Häusern und ein Stück auf einer Staffel bis zur querenden Rebmannstraße. Wir biegen nach rechts ab und gehen bald in die Immenhoferstraße hinab zur Zellerstraße, in die wir nach rechts einbiegen. Nun steigt es wieder etwas an.

Wir treffen auf die Neue Weinsteige, in der wir weiter bergauf zum *Ernst-Sieglin-Platz* spazieren. Hier liegt links und rechts der Hohenhei-

mer Straße die *Weißenburganlage*. Wer die herrliche Aussicht genießen und vielleicht in dem herrschaftlich wirkenden *Teehaus* einkehren will, überquert die Straße nach rechts und spaziert durch den Park hinauf. Ansonsten gehen wir an der Ampel nach links in die Anlage; hier befinden sich das *Bopserbrünnele* und ein schöner Spielplatz.

Eine Inschrift auf einer Säule informiert über die Geschichte der **Weißenburganlage:** »Bopserbrünnele / Beim Graben nach Porzellanerde für die herzogliche Porzellanmanufaktur in Ludwigsburg entdeckte man 1762 den Bopserbrunnen, der ein vorzügliches Wasser lieferte. Seit 1951 wird aus Gründen der Qualität das Wasser dem Leitungsnetz entnommen. 1840 baute man für den Brunnen eine Trinkhalle auf Säulen, die 1888 durch einen eisernen Pa-

Bei dem Spaziergang bietet sich ein herrlicher Blick über Stuttgart.

villon ersetzt wurde. Die Stadt und der Verschönerungsverein schufen im folgenden Jahr die Parkanlage neu. Der Pavillon wurde 1939 abgebrochen und 1991 wieder in der heutigen Form erstellt. Verschönerungsverein Stuttgart e. V.« Auf der anderen Seite der Säule heißt es: »Bopser / Der Name stammt von einem ehemals auf oder am Berg liegenden Ort Bubsingen oder Bobsingen. Oberhalb des Bopserbrunnens an der Weissenburgscharte lag das Schloss Weissenburg, auch Wizzenburg genannt. Bereits Karl der Große hatte hier übernachtet. Es war mit vier starken, je 80 Fuss hohen glänzend weissen Sandsteintürmen, Brustwehren und Kampfmauern geschützt. In der Nähe des Schlosses war bereits 1290 ein Brunnen, der durch seine Wasserqualität bekannt war. Wer hier trank, der blieb – oder wurde gesund. Stadt Stuttgart, Gartenbauamt.«

Der Park wurde 1843 zusammen mit der Villa Weißenburg, einem Gasthaus für Luft- und Molkekuren, geplant und später von dem Seifenfabrikanten Ernst von Sieglin gekauft. Er erbaute das Teehaus, einen Jugendstilpavillon, und den an ein antikes Nymphäum, einen Brunnentempel, erinnernden und mit Rokokomalereien verzierten Marmorsaal. In den 1960er-Jahren wurden der Park neu gestaltet und die Villa abgerissen.

Am unteren Ende der Anlage steht ein *Denkmal* mit der Büste des Na-

tionalökonomen Friedrich List. Wir halten uns vor der Anlage in der Etzelstraße links bis zur Alexanderstraße, überqueren diese schräg nach rechts und gehen zur Olgastraße; ihr folgen wir nach rechts, bis nach links die Weißenburgstraße abgeht.

Sie bringt uns nach links hinab zum *Österreichischen Platz,* wo wir in die Stadtbahn einsteigen können. Auf diesem Wegstück sollten wir uns die prächtigen Bürgerhäuser mit ihrem Fassadenschmuck näher betrachten.

■ **Zeit:**
Etwa 2 Stunden, bis zur Weinsteige etwa eine ¾–1 Stunde.

■ **Höhenunterschied:**
Etwa 130 Meter.

■ **Empfohlene Karte:**
Stadtplan der Landeshauptstadt Stuttgart.

■ **Einkehrmöglichkeit:**
Im Sommer im Teehaus an der Weißenburganlage.

■ **Grillmöglichkeit:**
Bopserhütte.

■ **Spielplätze:**
Geroksruhe, Bopserhütte, Weißenburganlage.

■ **Wegbeschaffenheit/ Kinderwageneignung:**
Asphaltierte und feste Wege.

5 Durch Streuobstwiesen in den Wald

Ins Körschtal

Bei diesem Spaziergang können wir uns sowohl die Ortsmitte von Plieningen ansehen, wo wir noch historisch interessante Gebäude finden, wie auch die Natur mit den Wiesen, Feldern, Waldstücken und Streuobstwiesen um das Körschtal genießen.

■ **Ausgangspunkt:**
Stuttgart-Plieningen.

■ **Wegverlauf:**

Plieningen war einst ein reiches Bauerndorf und erhielt bereits 1728 Marktrechte. Die romanische Martinskirche, das Pfarrhaus, der von Linden bewachsene Mönchshof, die Zehntscheuer und das Rathaus aus der Mitte des 18. Jahrhunderts bilden zusammen mit den anderen umgebenden Häusern ein reizvolles Ensemble. Die Kirche besitzt ein Schiff aus dem 12. Jahrhundert,

ein Netzgewölbe mit figurierten Schlusssteinen und Konsolen. Sie steht an einem Platz, der früher vielleicht eine heidnische Kultstätte war. Am Dachgesims sieht man ein Figurenrelief mit zwölf Figuren; es ist das älteste romanische Relief im Raum Stuttgart. Das ummauerte barocke Pfarrhaus (18. Jh.) besitzt ein Fachwerkobergeschoss. Die Zehntscheuer mit dem Fachwerkgiebel wurde ebenfalls im 18. Jahrhundert erbaut.

Wir nehmen die *Kirche* in *Plieningen* als Ausgangspunkt. Von ihr aus

Im alten Ortskern von Plieningen

gehen wir nach Westen zur Goetz-straße, wo wir uns rechts halten. An der Ampel biegen wir nach links ab, immer noch in der Goetzstraße. Nach kurzem Bergab biegen wir an einer Kreuzung nach links in die Lupinenstraße ein. Danach nehmen wir die nach rechts abzweigende Fraubronnstraße. Sie bringt uns zur Filderhauptstraße, die wir überque-ren. Auf der anderen Seite geht es in der Fraubronnstraße weiter, und kurz danach verlassen wir den Ort.

Wer nur einen kurzen Spazier-gang unternehmen und auf das Zentrum von Plieningen verzichten (oder es anschließend lieber separat aufsuchen) will, kann auch hier an der Kreuzung der Fraubronnstraße mit der Filderhauptstraße starten. Hier befindet sich auch die Bushalte-stelle Fraubronnstraße.

Kurz nach dem Ort treffen wir auf eine Verzweigung. Hier halten wir uns rechts, nach dem Bach links. Nun steigt es eine Zeitlang an. Wo wir bereits die Schienen der Stadtbahn sehen, trifft von rechts der mit dem roten Kreuz markierte Wanderweg ein. An dieser Stelle biegen wir nach links ab und gehen mit dem Zeichen roter Punkt hinab ins Körschtal. Nach dem Bach steigt es wieder an zu einer Hütte. Wir biegen nach links ab, ignorieren den nach links abgehenden Hiemers-bergweg und den danach rechts ab-zweigenden Weg. Über eine Brücke kommen wir anschließend zu einer Verzweigung, wo wir uns links hal-ten. Nun geht es immer geradeaus zurück zur Fraubronnstraße; danach spazieren wir auf bekanntem Weg zurück.

■ **Zeit:**
Etwa 2 beziehungsweise 1½ Stunden.

■ **Höhenunterschied:**
Etwa 100 Meter.

■ **Empfohlene Karte:**
Freizeitkarte 520 Stuttgart und Umgebung, Landesvermessungs- amt Baden-Württemberg; Stadtplan Stuttgart.

■ **Einkehrmöglichkeiten:**
Plieningen.

■ **Wegbeschaffenheit/ Kinderwageneignung:**
Wir spazieren auf asphaltierten und geschotterten Wegen.

6 **Seen und Baummethusaleme**

Zum Bärenschlössle

Das beliebte Ausflugsziel Bärenschlössle können wir bei diesem Spaziergang von Norden oder von Süden erreichen. Wir spazieren dabei durch den herrlichen Rotwildpark. Besonders interessant ist das Schlössle mit seiner bewegten Geschichte, aber auch der Wald und das Wildgatter lohnen diesen Ausflug.

■ **Ausgangspunkte:**
Stuttgart, am Abzweig der Berg- heimer Steige von der nach Leon- berg führenden Wildparkstraße in Richtung zur Solitude.

Parkplatz Schattengrund bei Büsnau an der Kreuzung zwischen Mahdental- und Magstadter Straße.

■ **Wegverlauf:**
Der königliche **Rotwildpark** (480 Hektar) und der **Schwarzwild- park** (214 Hektar) gehörten zum Krongut der württembergischen Herrscher. Die Parks unterstanden bis 1919 dem königlichen Hofjagd- amt. Bereits 1770 bis 1777 ließ Herzog Carl Eugen beim Schloss Solitude Tiergärten anlegen. Am Bärenschlössle fanden repräsenta- tive Jagden statt, zu denen die fron- pflichtigen Bauern monatelang das Wild zusammentreiben mussten. Nachdem zu viel Wild im Wald das Aufkommen junger Bäume ver- hinderte – beispielsweise waren es bis zu 200 Sauen – und nur die alten

Bäume übrig blieben, ließ König Friedrich I. 1815 zwei Tiergärten anlegen und mit Rot- und Schwarzwild besetzen. Durch den Verbiss der Tiere entstanden die mehrstämmigen Bäume, die heute mittlerweile auch schon rund 200 Jahre alt sind und ein prächtiges Bild bieten. Außerdem findet man bis zu 300 Jahre alte Buchen und 450 Jahre alte Eichen.

Im Winter der Revolutionsjahre 1918/19, als es mit der Monarchie zu Ende ging, wurden das Wild abgeschossen, der Zaun abgebrochen und der Wald für die Bevölkerung geöffnet. An die Zeit der hochherrschaftlichen Jagdvergnügen erinnern noch Waldbezeichnungen wie Hirschwiese, Damgarten, Saufang, Königstand oder Herzogsweg.

Heute sind die Parks Teil des Landschaftsschutzgebiets Glemswald. Zusammen mit den Seen und dem prächtigen alten Baumbestand ist die Gegend ein beliebtes Naherholungsziel für naturhungrige Stuttgarter.

Wir folgen vom *Schattengrund* aus dem Weg zum Bärenschlössle und gehen zwischen *Neuem See* und *Bärensee* hinauf zu dem *Ausflugslokal*. Hier halten wir uns mit dem Wanderzeichen rotes Kreuz halbrechts in die Kastanienallee. Wir kommen in den Wald und spazieren zu einem Tiergehege, wo sich auch die *Glemsquelle* befindet.

Die **Glems** entspringt im Rot- und Schwarzwildpark bei Stuttgart, ist

Blick über den See zum Bärenschlössle

etwa 44 Kilometer lang und mündet bei Unterriexingen in die Enz. Auf dieser Strecke fällt sie etwa 250 Meter. Unterwegs durchfließt sie in vielen Windungen das Landschaftsschutzgebiet Glemswald und das Strohgäu. Bis auf wenige Ausnahmen in Ortsbereichen weist der Bach noch natürliche Mäander auf. Nur ein Viertel seines Wassers stammt von ihm selbst, das übrige ist Oberflächen- und Brauchwasser aus Kläranlagen. Nicht umsonst hat das Regierungspräsidium Stuttgart im Jahr 1995 das ausgedehnte Waldgebiet, das vom Nordwesten Stuttgarts bis zum Nordrand des Schönbuchs reicht, unter Schutz gestellt. Mit 13 450 Hektar ist der Glemswald das bei weitem größte Landschaftsschutzgebiet im Regierungsbezirk Stuttgart. In ihm wachsen noch

seltene Orchideen, an stillen Tagen kann man Wild wechseln sehen und man findet heimelige Dörfer. Der Glemsgau wurde bereits 819 urkundlich erwähnt. Damals vermachte der Glemsgaugraf Gozbert seinen Besitz dem elsässischen Kloster Weißenburg. Im 11. Jahrhundert kam er an eine Seitenlinie der Grafen von Calw, die Grafen von Ingelheim, die dann auf dem Asperg ihre Burg erbauten. Graf Eberhard der Erlauchte von Württemberg erwarb den Glemsgau im März 1308.

Hier kann, wer nur einen kurzen Spaziergang unternehmen will, nach links abbiegen. Am so genannten *Stern* treffen wir auf einen schnurgeraden Weg, der uns zum *Bärenschlössle* zurückbringt.

Der erste Bau des **Bärenschlössles** wurde 1768 als »Ausflugsmöglichkeit« von Schloss Solitude erstellt. Dieses Schlösschen wurde 1817 abgerissen und später durch einen einfachen Pavillon ersetzt. Er brannte im Zweiten Weltkrieg ab und wurde 1963 zweistöckig wieder aufgebaut. Nach einem weiteren Brand 1994 wurde das Bärenschlössle 1997 im alten Stil nochmals neu errichtet. Am See stand ein Bootshaus für zwei venezianische Gondeln, die der Herzog nebst zwei Gondolieri als »Mitbringsel« von seiner Italienreise importiert hatte.

Länger dauert der Spaziergang, wenn wir links des Wildgeheges und des Futterpavillons weitergehen. Der Weg zieht nach rechts und bringt uns zur querenden Pappelallee, wo wir nach links abbiegen. Nach einer Lichtung treffen wir auf den oben erwähnten geraden Weg, der uns zurück zum Bärenschlössle bringt.

Wer dagegen am Abzweig zur Solitude geparkt hat, quert die nach Leonberg führende Straße und ist dann bereits auf dem geraden Weg. Man spaziert auf ihm zum *Bärenschlössle* und dann wie beschrieben über das *Wildgehege* zurück zur Kreuzung mit dem geraden Weg; hier geht man nach rechts auf bekanntem Weg zurück.

■ **Zeit:**
Kurzer Weg etwa 1 Stunde, lange Strecke etwa 2 Stunden.

■ **Höhenunterschied:**
Unwesentlich.

■ **Empfohlene Karte:**
Freizeitkarte 520 Stuttgart, Landesvermessungsamt Baden-Württemberg; Stadtplan Stuttgart.

■ **Einkehrmöglichkeit:**
Bärenschlössle.

■ **Wegbeschaffenheit/ Kinderwageneignung:**
Schotterwege.

7 Spaziergang durch den Rotwildpark

Um den Großen Stern

Dieser Spaziergang führt uns vom Schloss Solitude in den Rotwildpark mit seinem herrlichen alten Baumbestand. Wir können ihn dazu nützen, das Lustschlösschen zu besichtigen oder zumindest die Aussicht von ihm aus zu genießen. Man sieht vom Schloss aus beispielsweise die schnurgerade Allee, die bis zum zwölf Kilometer entfernten Ludwigsburger Schloss führt.

■ **Ausgangspunkt:**
Solitude.

■ **Wegverlauf:**
Wir gehen von den Parkplät-

zen erst zum *Schloss Solitude,* das mitsamt seinen Kavaliershäuschen schon von außen sehenswert ist. Wenn man Zeit hat, sollte man es besichtigen.

Schloss Solitude, 1764 bis 1769 erbaut

Das **Schloss Solitude** (497 m) wurde 1764 bis 1769 als »Maison de Plaisance« von Herzog Carl Eugen im Rokokostil erbaut. Ihn hat wohl die markante Lage mit der weiten Sicht über das Unterland beeindruckt. Da es hier weit und breit keine andere menschliche Siedlung gab, war seine Einsamkeit garantiert und so war auch der Name – Solitude – bald festgelegt. Das Schloss besteht aus einem wuchtigen Sockelgeschoss mit flachbogigen Arkaden und einem verzierten Oberbau. An den beiden Längsseiten führen breite Treppen hinauf ins Hauptgeschoss. In der Mitte befindet sich eine kuppelförmig gedeckte Rotunde. Auf der Südseite wird das Schloss bogenförmig von einem Gebäudezug flankiert. Auf seinen beiden Seiten stehen die Kavaliershäuschen, in denen später die Lehrer der Militärakademie wohnten. Heute noch sieht man die schnurgerade Straße, die das Lustschlösschen mit der zwölf Kilometer entfernten Residenz in Ludwigsburg verband. Sie war einst die Grundlage der württembergischen Landvermessung.

Hier oben war der Vater Friedrich Schillers zwanzig Jahre lang als Aufseher der herzoglichen Obstgärten tätig. Der spätere Dichterfürst besuchte hier die Hohe Karlsschule, bis sie 1775 nach Stuttgart verlegt wurde. In einem der Häuschen hatte der Bildhauer Fritz von Graevenitz, der Onkel des ehemaligen Bundespräsidenten Richard von Weizsäcker, sein Atelier. Der Dichter Nikolaus Lenau schrieb 1831: »Jetzt kommt wieder ein Spaziergang, und zwar auf die Solitude, ein einsames Lustschloß des Württemberger Königs, in ziemlich großer Gesellschaft. Im Schlosse wurde gegessen und getrunken, tüchtig. ... Nach Tisch lagerten wir alle in einem Walde, die Frauenzimmer sangen, und ich wollte des Teufels werden. Dann gingen wir nach Hause.«

Nun nehmen wir in der Mitte des Schlosses den Weg, der mit dem roten Kreuz zwischen den südlichen Gebäuden hindurch und durch die Wiesen in den Wald führt. Wir wandern bis zur Wegspinne am *Großen Stern,* hier gehen wir geradeaus weiter, erst mit dem roten Hufeisen, dann mit dem roten Punkt. Wo ein mit dem roten und blauen Kreuz markierter Weg nach links abgeht, spazieren wir noch geradeaus weiter, dann biegen wir am nächsten Weg nach links ab. Mit einem Linksknick kommen wir zu

einem querenden Weg bei einer kleinen *Schutzhütte.* Er bringt uns auf der Bruderhausallee nach links zurück zum *Großen Stern.* Von hier aus gehen wir auf bekanntem Weg zurück.

- ■ **Zeit:**
  Etwa 2 Stunden.

- ■ **Höhenunterschied:**
  Unwesentlich.

- ■ **Empfohlene Karten:**
  Freizeitkarte 520 Stuttgart, Landesvermessungsamt Baden-Württemberg; Stadtplan Stuttgart.

- ■ **Wegbeschaffenheit/ Kinderwageneignung:**
  Schotterwege.

8 Wald, Wein und Aussicht

Über den Lemberg

Dieser Spaziergang führt uns erst durch das Naturschutzgebiet Greutterhau, durch ein prächtiges Waldgebiet und am Schluss zurück über den Höhenrücken des Lembergs auf dem Feuerbacher Höhenweg oberhalb der Weinberge und mit prächtiger Aussicht.

■ **Ausgangspunkt:**

Stuttgart-Weilimdorf, Stadtbahnhaltestelle Landauer Straße.

Alternativ kann man auch bei den Sportplätzen in Stuttgart-Zuffenhausen beginnen.

■ **Wegverlauf:**

Wir gehen von der *Stadtbahnhaltestelle* aus nach Osten, bis nach links die Goslarer Straße abgeht, der

wir nach links folgen. Hier, wo sie mit der Weilimdorfer Straße zusammentrifft, gibt es auch Parkmöglichkeiten. Wir spazieren auf der Goslarer Straße wieder etwas zurück und biegen vor dem See beziehungsweise nach Haus 113 nach rechts ab. Wir kommen in den Wald und zu einer Verzweigung. Hier gehen wir links am Waldrand entlang auf dem Korntaler Weg erst weiter hinauf, dann

Vom Lemberg aus: Blick über Feuerbach

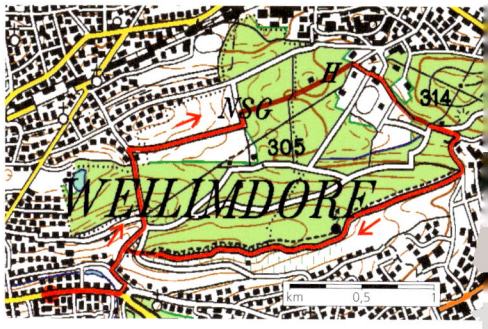

hinab zum Waldende und zu den ersten Häusern von Korntal. Nach dem rechts liegenden *Tennisplatz* biegen wir nach rechts ab und spazieren durch die Streuobstwiesen zum Waldrand.

Der **Greutterwald** hat seinen Namen von dem mittelhochdeutschen Geriude (später Gereute), was gerodetes Land bedeutete. König Wilhelm I. ließ hier in der ersten Hälfte des 19. Jahrhunderts den Wald roden und Obstbäume pflanzen. Rund dreißig Hektar große Streuobstwiesen im Nordwesten des Gebiets befinden sich heute unter Naturschutz. In diesem Gebiet stehen rund 1400 Obstbäume. In den alten Bäumen und Althölzern leben zahlreiche Fledermausarten und Vögel, darunter viele Baumhöhlenbewohner wie der Große Abendsegler, Spechte und Eulen. Außerdem findet man hier den größten Bestand des Pirols in Stuttgart. An Schmetterlingsarten hat man 200 verschiedene gezählt. 1984 wurde eine 151 Hektar große Fläche zum Naturschutzgebiet erklärt.

Hier halten wir uns kurz links, dann rechts in die Schützenwiesenallee. Ihr folgen wir bis zum ersten Sportplatz, wo wir nach rechts abbiegen. Nach dem Luft- und Freibad des Naturheilvereins biegen wir nach rechts ab und spazieren gleich auf dem Anliegersträßchen, dann geht es geradeaus auf dem Fuß- und Radweg weiter, vorbei an der Jugendfarm wieder hinein in den Wald. Nach ihm treffen wir auf die Siegelbergstraße, der wir nach rechts folgen. Am Parkhaus biegen wir nach rechts ab und marschieren nun auf dem Feuerbacher Höhenweg weiter. Er führt uns immer am Waldrand entlang, erst an Kleingärten und dann an Weinbergen vorbei, die uns eine prächtige Aussicht bieten.

Auf dem Schilfsandsteinrücken des **Lembergs** lagen jeweils in Nord-Süd-Richtung drei Befestigungsanlagen aus der Hallstattzeit (750–450 v. Chr.). Sie waren mit vorgelagerten Gräben gesichert und von Ackerbauern und Viehzüchtern bewohnt. Auf einem siebzig bis achtzig Ar großen Gelände zwischen den Abschnittswällen im Westen befanden sich die Wohnanlagen, allerdings dürfte das Gelände nur kurzfristig besiedelt gewesen sein. Rund 500 Jahre später diente die Anlage wohl den Kelten als Fluchtburg.

Nach diesem Wegstück geht es auf Stufen steil hinab zum *Kotzenloch,* einen Forstweg überquerend bis hinab zum Korntaler Weg, den wir noch vom Anfang unseres Spaziergangs her kennen.

Nun spazieren wir nach links auf bekanntem Weg zurück; wer in Zuffenhausen gestartet ist, hält sich hier rechts.

Das **Kotzenloch** ist ein Bunter-Mergel-Aufschluss im Gipskeuper, in dem früher Mergel (Leberkies) gewonnen wurde, den die Weingärtner damals zum Düngen beziehungsweise zur Bodenverbesserung in ihren Weinbergen ausbrachten.

■ **Zeit:**
Etwa 1¾ Stunden.

■ **Höhenunterschied:**
Etwa 140 Meter.

■ **Empfohlene Karte:**
Stadtplan Stuttgart.

■ **Einkehrmöglichkeit:**
Sportgaststätten Zuffenhausen.

■ **Wegbeschaffenheit/ Kinderwageneignung:**
Man geht auf geschotterten und asphaltierten Wegen, der Abstieg vom Feuerbacher Höhenweg erfolgt allerdings auf einer steilen Treppe.

9 **Seeluft und Höhenluft**

Vom Max-Eyth-See hinauf zu den Weinbergen

Der Max-Eyth-See mit seiner Parkanlage gehört zu den beliebtesten Erholungsgebieten Stuttgarts. Wir wollen uns aber nicht nur ans Ufer setzen oder mit dem Tretboot fahren, sondern in die Weinberge hinter dem See spazieren. Von hier aus hat man einen herrlichen Blick auf das Gewässer und die umliegenden Stadtteile.

■ **Ausgangspunkt:**
Stuttgart, Parkplatz Max-Eyth-See, Stadtbahnhaltestelle Wagrainäcker.

■ **Wegverlauf:**
Vom *Parkplatz* aus gehen wir zur *Stadtbahnhaltestelle* und dann in den Park. Uns gleich rechts hal-

Bootssteg am Max-Eyth-See, »Stuttgarts größter Wassersportanlage«

tend kommen wir zum See und wenden uns dort nach links. Wer will, geht erst noch am Ufer entlang zum *Heidenschloss*.

Beim **Heidenschloss** stand einst ein römischer Gutshof. Der Name kommt daher, dass Bauern die Ruine für die Reste eines Schlosses hielten.

Aus einer in den zwanziger Jahren des 20. Jahrhunderts zur Kanalisierung des Neckars ausgebaggerten Kiesgrube entstand 1933 bis 1935 im Zuge einer »Arbeitsbeschaffungsmaßnahme« ein rund 600 Meter langer Stausee, der heutige **Max-Eyth-See.** Er ist »Stuttgarts größte Wassersportanlage«. Man kann segeln, windsurfen und Tret-, Ruder- und Elektromotorboote mieten. Weitläufige Rasenflächen um den See mit Grillmöglichkeiten bieten viel Erholungsraum. Einkehren kann man im »Haus am See«. Auch seltene Tiere und Pflanzen finden hier ihren Lebensraum.

Wir biegen am See nach links ab und gehen zu dem modernen und eleganten *Max-Eyth-Steg*. Hier nehmen wir den ansteigenden Weg, der uns hoch zu einem Spielplatz und vor Häuser bringt. Nun biegen wir nach rechts ab und spazieren mit herrlicher Aussicht entlang der Weinberge. An einer Verzweigung bleiben wir rechts in den Weinbergen und gehen bis zu Garagen, hinter denen wir Hochhäuser sehen. Hier halten wir uns mit dem Zeichen des Neckarwegs rechts, nun geht es bergab. Später sehen wir auch noch den roten Strich. Der Weg zieht nach links auf die Rückseite der Hochhäuser, wo wir am Querweg vor der Sporthalle mit den Wanderzeichen rechts abbiegen. Wir spazieren neben einer Streuobstwiese kurz geradeaus weiter, dann gehen wir mit einer Linkskurve zu einem Querweg (Keltersteige), dem wir nach rechts abwärts folgen.

Wir kommen bei den ersten Häusern zur Arnoldstraße und

gehen hier etwas nach rechts versetzt im Libauerweg weiter zur *Schleuse*. Nun orientieren wir uns links, dann überqueren wir den Neckar nach rechts und gehen nach ihm nach rechts hinab zum Park. Jetzt haben wir zwei Möglichkeiten. Wer gleich zurück will, geht erst am Fluss, dann am See entlang. Wer nach der Brücke links parallel der Mühlhäuser Straße bleibt, kommt zur Stadtbahn-Station Hofen, wo man auch einsteigen kann.

Aber auch ein kurzer Abstecher zur *Ruine Hofen* ist möglich. Hierzu unterquert man nach dem Neckar die Brücke nach links und geht kurz am Fluss entlang, dann wechselt man zur rechts verlaufenden Scillawaldstraße.

Die **Ruine Hofen** ist die letzte Burgruine in Stuttgart mit noch namhaften Mauerresten. Sie sollte den Neckarübergang – durch eine Furt und mit einer Fähre – sichern. Ein Dorf Hofen wurde im frühen

12. Jahrhundert erstmals erwähnt. Vermutlich um 1250 wurde dann daneben eine Burg erbaut. Damals wurde ein Ritter Luithard von Mühlhausen erwähnt, dessen Sohn Kuno sich dann bereits »von Hofen« nannte. 1287 zerstörte König Rudolf von Habsburg die Burg, als er mit Graf Eberhard dem Erlauchten von Württemberg im Krieg lag. 1369 war der Letzte des Geschlechts, Luithart IV., tot. Danach ging die Burg an die Württemberger über. Graf Eberhard II. gab sie Ritter Reinhart von Neuhausen zu Lehen. Den Edelknechten und Rittern des von den Fildern stammenden Geschlechtes gehörten dann bis 1753 Burg und Dorf. In jenem Jahr gab Joseph Athanasius Baron von Neuhausen das Lehen an Herzog Carl Eugen zurück. Die Burg wurde vermutlich aber bereits 1633 im Dreißigjährigen Krieg zerstört, als die Feinde Proviant verlangten und keinen bekamen.

1783 wurde die Ruine teilweise abgebrochen. Ihre Steine fanden

beim Bau der benachbarten Sankt-Barbara-Kirche und weiterer Gebäude in Hofen Verwendung. Heute sind noch die hohe Schildmauer zur Hauptangriffsseite, ein Turmstumpf in der Mitte und Teile der Ringmauer an der West- und Ostseite erhalten. In der Südostecke lag der Palas, in der Südwestecke war ein Holzbau an die Schildmauer angebaut. Ein weiteres Nebengebäude stand in der Nordostecke. Kernburg und Zwinger waren von Gräben umzogen. Von der äußeren Burgmauer, zwischen Zwinger und Graben, stehen noch die Westseite und ein kurzes Stück mit einer Schießscharte an der Südseite.

■ **Zeit:**
Etwa 1 Stunde.

■ **Höhenunterschied:**
Etwa 80 Meter.

■ **Empfohlene Karte:**
Stadtplan der Landeshauptstadt Stuttgart.

■ **Einkehrmöglichkeit:**
Max-Eyth-See.

■ **Wegbeschaffenheit/ Kinderwageneignung:**
Asphaltwege. Da sie teilweise steil sind, sind sie bei Eis und Schnee nicht zu empfehlen.

10 **Durch Weinberge zur Grabkapelle**

Von Rotenberg nach Uhlbach

Besonders reizvoll ist dieser Spaziergang, der sehr schöne Aussicht bietet, sicher im Herbst, wenn das Weinlaub bunt leuchtet. Wir spazieren durch diese Pracht hinab nach Uhlbach, wo man das Weinbaumuseum besuchen kann, dann geht es wieder hinauf nach Rotenberg. Hier sollte man die Grabkapelle ansehen, bevor man zurück zum Ausgangspunkt geht.

■ **Ausgangspunkt:**
Stuttgart-Rotenberg.

■ **Wegverlauf:**
Wir parken auf dem *Parkplatz* am Ende der Stettener Straße. Da

die Parkplätze an schönen Tagen aber meist überfüllt sind, ist die Anfahrt mit dem Bus zu empfehlen. Alternativ kann man auch in Uhlbach starten.

Dann gehen wir entweder geradeaus zum Waldrand, wo wir uns rechts halten, oder wir nehmen am Anfang des Parkplatzes den Karl-Münchinger-Weg, der um das Erholungsgebiet *Egelseer Heide* herumführt, an dessen Ende wir nach rechts abbiegen. Nun spazieren wir durch eine Landschaft mit vielen Kleingärten zur »*Waldschenke Sieben Linden*«. Hier biegen wir nach rechts ab in Richtung »Uhlbach«. An einem *Weinberghäuschen* halten wir uns an der Verzweigung links. Kurz vor den Häusern, wo wir links unten die Kirche sehen, nehmen wir den

nach links abzweigenden Weg, der anfangs mit Kopfsteinpflaster belegt ist. Als Herrengasse bringt er uns hinab ins Zentrum zur ehemaligen Kelter, die heute das *Weinbaumuseum* beherbergt. Das prächtige Fachwerkgebäude rechts ist das alte Rathaus, an dem wir links vorbeigehen. In der Markgräflerstraße kommen wir aus dem Ort hinaus. Beim letzten Haus biegen wir mit den Wanderzeichen nach links ab und steigen empor bis unterhalb der *Grabkapelle*. An ihr entlang gehen wir zurück nach *Rotenberg* und dort nach rechts zum *Ausgangspunkt*.

Anstelle der **Grabkapelle auf dem Rotenberg,** dem »schwäbischen Tadsch Mahal«, stand bis 1819 die im 11. Jahrhundert von Konrad von Beutelsbach erbaute Stammburg der Württemberger. Er nannte sich dann nach diesem Berg. Dass der Name aber von »Wirt am Berg« kommt, worüber es auch eine schöne Sage gibt, wird stark bezweifelt. Die Reste der Burg wurden auf Befehl von König Wilhelm I. 1819 abgetragen.

Die Grabkapelle wurde von dem aus Florenz stammenden Hofbaumeister

Die Grabkapelle auf dem Rotenberg ist ein beliebtes Ausflugsziel.

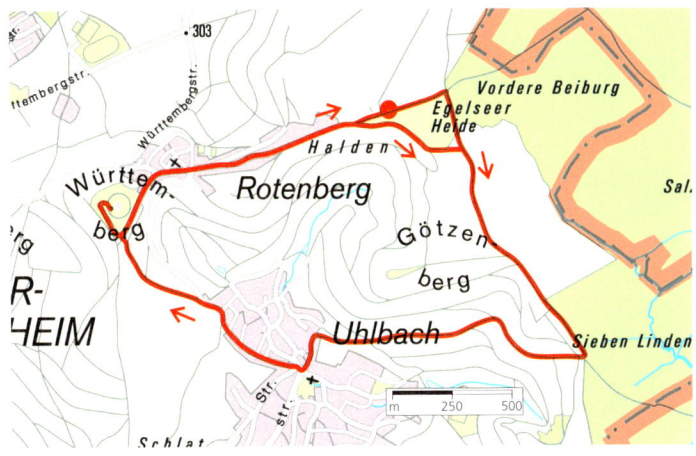

Giovanni Salucci (1769–1845) für die jung verstorbene Königin Katharina Pawlowna (1788–1819), einer russischen Großfürstin und Schwester Zar Alexanders I., erbaut. Katharina hatte sich in der Hungersnot 1816/17 beim Volk durch ihre Wohltätigkeit sehr beliebt gemacht, außerdem stiftete sie zahlreiche Einrichtungen: Königin-Katharina-Stift, Katharinenpflege, Katharinenhospital, Landwirtschaftliches Hauptfest und Volksfest sowie die Württembergische Landessparkasse. Sie starb mit erst dreißig Jahren überraschend am 9. Januar 1819, nachdem sie sich eine schwere Erkältung zugezogen hatte.

In der Kapelle ruhen auch ihr 1864 verstorbener Mann und die ältere Tochter der beiden, die 1887 verstorbene Prinzessin Marie. Die Grabkapelle ist vom römischen Pantheon inspiriert. In ihrem Zentralraum ist eine kassettierte und mit Stuckrosetten geschmückte Kuppel zu entdecken.

Innen sieht man unter anderem Skulpturen von Hofbildhauer Johann Heinrich Dannecker (1758–1841) und zwei Figuren, die nach Entwürfen von Bertel Thorvaldsen (1770–1848) ausgeführt wurden.

■ **Zeit:**
Etwa 1½ Stunden.

■ **Höhenunterschied:**
Etwa 180 Meter.

■ **Empfohlene Karte:**
Stadtplan Stuttgart.

■ **Einkehrmöglichkeiten:**
Rotenberg, »Waldschenke Sieben Linden«, Uhlbach.

■ **Wegbeschaffenheit/ Kinderwageneignung:**
Asphaltwege.

Zwischen Remstal
und Neckar

11 Durch Wald und über Baumwiesen

Schurwaldtour ab Aichelberg

Wir spazieren bei diesem Ausflug über die Baumwiesen und Felder zwischen Aichelberg und Schanbach. Unterwegs finden wir einen schönen Spielplatz, mit dem man Kinder zu diesem Spaziergang verführen kann. Die Tour lässt sich auch gut kürzen.

■ **Ausgangspunkt:**
Aichwald-Aichelberg.

■ **Wegverlauf:**
Wir starten an der am südlichen Ortsende stehenden *Feldkirche*. Das spätgotische Kirchlein besitzt Schießscharten und steht noch inmitten seiner ehemaligen Wehrmauer. Nun spazieren wir kurz nach Norden bis zu einem mächtigen Kastanienbaum, bei dem wir mit dem Zeichen blauer Punkt nach links abbiegen. Am Waldrand halten wir uns links und gehen mit dem Wanderzeichen, später dem roten Kreuz, nach Süden bis zu den ersten Häusern von *Schanbach*. Etwa auf halber Wegstrecke kann man abkürzen, wenn man dem Radwegschild nach links folgt und so zum *Parkplatz Drei Linden* kommt.

Wer die längere Variante wählt, geht an den Häusern von Aichwald-Schanbach zuerst nach links und neben der Straße in Richtung Aichelberg. An der Bushaltestelle

vor dem *Wasserturm* biegen wir nach rechts ab, am Ortsanfang von *Krummhardt* halten wir uns links in die Turmstraße. Wir kommen hinaus auf die Baumwiesen und schließlich zum *Parkplatz Drei Linden*. Wer gleich zurück will, spaziert parallel zur Straße zur bereits sichtbaren Feldkirche

Ansonsten halten wir uns rechts und kommen kurz darauf zu einem Spielplatz. Nach diesem biegen wir nach links ab und gehen nach

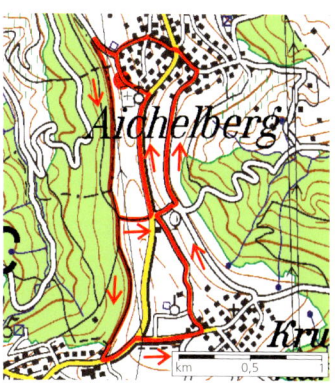

Feldkirche in Aichelberg

Aichelberg. An einem Querweg halten wir uns links und kommen zur Durchgangsstraße, nach der es in der Poststraße weitergeht. Etwas später biegen wir mit dem blauen Punkt nach links in die Strümpfelbacher Straße ein und gehen bis zu der vom Anfang her noch bekannten Kastanie. Kurz danach erreichen wir die Feldkirche.

■ **Zeit:**
Kurze Runde etwa 1½, große Tour etwa 2–2½ Stunden.

■ **Höhenunterschied:**
Etwa 50 Meter.

■ **Empfohlene Karte:**
Freizeitkarte 520 Stuttgart, Landesvermessungsamt Baden-Württemberg.

■ **Einkehrmöglichkeiten:**
Aichelberg.

■ **Wegbeschaffenheit/ Kinderwageneignung:**
Asphalt- und Schotterwege.

12 **Vorbei am Käppele**

Von Endersbach nach Strümpfelbach

Diese Tour führt uns vom Zentrum von Endersbach über die Streu-obstwiesen und Felder im Remstal. Danach gelangen wir vorbei an einer alten Wallfahrtskapelle wieder zurück.

■ **Ausgangspunkt:**
Weinstadt-Endersbach.

■ **Wegverlauf:**
Wir starten beim Endersbacher

Rathaus, das sich westlich der Kirche befindet. Hier folgen wir dem Wanderzeichen blaues Kreuz nach Süden. Am Ortsende sehen wir eine alte Grubbank, später noch eine; hier stehen auf Stelen drei von Karl Ulrich Nuss geschaffene Skulpturen.

Grubbänke dienten früher dem Absetzen von Lasten. Ihr Name kommt von ausgruben (= ausruhen). Sie besitzen meist einen höheren Teil zum Absetzen der auf dem Kopf getragenen Last und einen niederen, auf dem man sonstiges Gepäck ablegen oder sich hinsetzen konnte. Man findet sie meist am Ende von Steigungen.

Wir gehen weiter geradeaus, bis wir links oben das mächtige *Keltergebäude* sehen. Nun müssen wir uns entscheiden. Wer noch ins Strümpfelbacher Zentrum marschieren will, geht hier geradeaus weiter und kehrt anschließend auf demselben Weg wieder zur Kelter zurück. Ansonsten gehen wir nach links hinauf zur Kelter und biegen hier nach links ab. Etwas später sehen wir links das *Käppele.*

Das **Käppele** ist wahrscheinlich der Rest einer etwa 1450 erbauten spätgotischen Wallfahrtskirche. Es besitzt einen Spitzbogeneingang und innen ein bronzenes Kruzifix.

Wir halten uns links und spazieren mit dem blauen Kreuz zurück nach *Endersbach.*

Die spätgotische Kirche (1469) in **Endersbach** (241 m) besitzt einen wuchtigen Chorturm, der im Mittelalter als Wehrturm diente. 1730 wurde sie barockisiert. Innen sieht man ein schönes Kruzifix, eine Stuckdecke mit plastischen Medaillons, eine Kanzel von 1592 mit Heiligenfiguren, eine bemalte und mit Kassetten versehene Empore, einen Taufstein aus der Zeit um 1460 mit einem Deckel von Karl Ulrich Nuss sowie bemalte Holzepitaphe (zum Teil von 1612). Auch an der Außenwand ist ein steinernes Epitaph angebracht. Im Ort befinden sich noch einige Fachwerkhäuser, beispielsweise das Rathaus.

■ **Zeit:**
Etwa 1½ Stunden.

Das Käppele – einst eine spätgotische Kapelle

■ **Höhenunterschied:**
Etwa 60 Meter.

■ **Empfohlene Karte:**
Freizeitkarte 520 Stuttgart, Landesvermessungsamt Baden-Württemberg.

■ **Einkehrmöglichkeiten:**
Endersbach.

■ **Wegbeschaffenheit/ Kinderwageneignung:**
Asphaltwege.

13 Fachwerkhäuser und Streuobstwiesen

Von Beinstein durchs Remstal

Wir spazieren durch die Remstallandschaft zwischen Beinstein und Großheppach mit ihren Streuobstwiesen. Am Ausgangspunkt können wir uns die Kirche und einige malerische Fachwerkhäuser ansehen, und unterwegs genießen wir immer wieder den Blick auf die Weinberge am Kleinheppacher Kopf.

■ **Ausgangspunkt:**
Waiblingen-Beinstein.

■ **Wegverlauf:**
Wir starten am alten *Rathaus,* gehen nach Osten zur Durch-

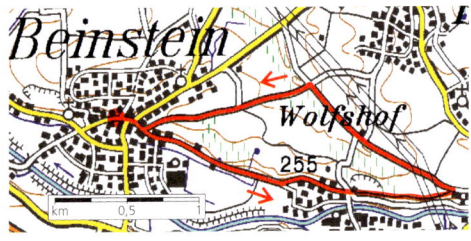

Blick zu den Weinbergen am Kleinheppacher Kopf

gangsstraße, halten uns kurz links und biegen am Brunnen nach rechts in die Großheppacher Straße ein. Nun spazieren wir immer geradeaus bis zu einer Ansiedlung, die wir auf der Beinsteiner Straße links umgehen. Danach geht es auf dem mit dem blauen Kreuz markierten Weg weiter bis zu den ersten Häuserblocks von *Großheppach.* Unser Weg zieht nach links hoch zu einem Sträßchen, wo wir uns links orientieren. Wir spazieren auf der Hohen Straße zum *Wolfshof.* Etwas nach dem anschließend folgenden Wasserbehälter kommen wir zu einem querenden Weg. Hier geht es nach links steil hinab nach *Beinstein,* wo wir auf die von Anfang her noch bekannte Beinsteiner Straße treffen, die uns nach rechts zur Ortsmitte zurückbringt.

Beinstein (226 m) wurde 1086 in einer Schenkungsurkunde an das Hochstift Speyer erstmals erwähnt. Seit 1250 gehört es zu Württemberg. Es soll die älteste Weinbaugemeinde im Remstal sein. Die Beinsteiner Weine wurden zu Beginn des 17. Jahrhunderts selbst am kaiserlichen Hof in Prag getrunken.

Eine alte Chronik von 1129/30 sagt: »Es steht heute noch in der Nähe von Waiblingen ein Denkmal in Form eines Turmes von wunderbarer Quaderarbeit mit Bildwerken. Es heißt im Volksmund der Baienstein. Eine eingemeißelte Inschrift besagt, daß Clodius dieses Denkmal zum Andenken an seine Frau errichtet hat.« Gegenüber des Dorfes lag ein Gutshof, und in dessen Nähe befand sich um 200 n. Chr. eine große Töpferei. Sehenswert sind die Sankt-

53

Stephanus-Kirche (1454) mit Fresken und bemerkenswertem Chor, das Fachwerk-Rathaus (1582) mit steiler Außentreppe und gemalten Scheiben sowie der Dorfbrunnen.

■ **Zeit:**
Etwa 1½ Stunden.

■ **Höhenunterschied:**
Etwa 70 Meter.

■ **Empfohlene Karte:**
Freizeitkarte 520 Stuttgart, Landesvermessungsamt Baden-Württemberg.

■ **Einkehrmöglichkeiten:**
Beinstein, Großheppach.

■ **Wegbeschaffenheit/ Kinderwageneignung:**
Asphaltwege.

14 Weinberglandschaft mit viel Aussicht

Um den Korber Kopf

Landschaften mit Weinbergen sind vor allem im Herbst schön, wenn das Laub in allen Farben leuchtet. Bei dieser Tour haben wir außerdem eine herrliche Aussicht ins Unterland und auf Korb.

■ **Ausgangspunkt:**
Korb.

■ **Wegverlauf:**
Wir starten am *Bergsattel* zwischen Korb und Hanweiler. Dann nehmen wir auf der Nordseite des Sträßchens den Weg, der mit den Zeichen rotes Kreuz und Punkt nach oben führt. Er knickt gleich darauf nach links ab. Etwas später biegen wir am Waldrand nach rechts ab und spazieren oberhalb eines mit Weinreben bewachsenen Taleinschnitts. Nach dem Rechtsknick

weist das Radwegschild nach rechts, wir zweigen aber nach links ab.

Der anfangs leicht aufwärts führende Weg bringt uns in den Wald. Wir ignorieren die Abzweigungen und gehen geradeaus weiter, später abwärts bis zum Waldende, wo wir nach links abbiegen. Nun haben wir drei Möglichkeiten. Wo wir links einen Bunten-Mergel-Aufschluss sehen, können wir nach links gehen, ansonsten spazieren wir etwas weiter und halten uns am nächsten Querweg links. Oder wir biegen erst nach rechts, dann

Blick vom Korber Kopf hinunter auf Korb

zweimal links ab und kommen auch so zurück zum *Sattel*.

Der **Korber Kopf** (457 m) ist eine aus Schilfsandstein gebildete Bergterrasse mit weiter Aussicht. Hier sieht man wie auch auf dem benachbarten Hörnleskopf eine als »Steppenheide« bezeichnete, Trockenheit liebende Pflanzengesellschaft. Als geologischen Aufschluss findet man die so genannte Rote Wand, bei der karminrote Lagen von weichem Mergelgestein zu sehen sind.

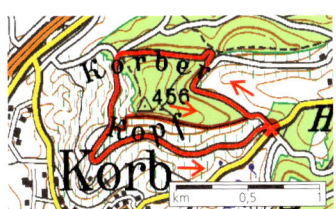

■ **Zeit:**
Etwa 1½ Stunden.

■ **Höhenunterschied:**
Etwa 70 Meter.

■ **Empfohlene Karte:**
Freizeitkarte 520 Stuttgart, Landesvermessungsamt Baden-Württemberg.

■ **Einkehrmöglichkeit:**
Korb, Schützenhaus am Ausgangspunkt.

■ **Wegbeschaffenheit/ Kinderwageneignung:**
Asphalt- und Schotterwege.

55

Schwäbischer Wald

15 Ins Dorf der Dichter

Rund um Buoch

Das hoch über den Weinbergen des Remstales und am Rand der Hügellandschaft der Berglen liegende Buoch hat eine reiche kulturelle Vergangenheit – zahlreiche Dichter wohnten hier. Außerdem spielte der Ort in der Landesvermessung eine Rolle. Der Spaziergang führt über Baumwiesen, was ihn im Frühjahr zur Zeit der Blüte besonders attraktiv macht. Zudem hat man eine prächtige Aussicht über das Remstal bis hin zur Schwäbischen Alb.

■ **Ausgangspunkt:**
Remshalden-Buoch.

■ **Wegverlauf:**
Wir parken beim *Museum im Hirsch.* Dann folgen wir der am Museum entlangführenden Straße nach Osten, überqueren die Durchgangsstraße und spazieren durch den Ort, dann am Rand der Bebauung bis zum Waldrand, wo ein *Denkmal* zur Erinnerung an die Kriegstoten steht. Hier biegen wir nach links ab, wobei wir den linken, durch die Baumwiesen führenden Weg nehmen. Bald überqueren wir die Landstraße, dann fällt der Weg. Es geht schließlich am Waldrand entlang bis zu einem Mammutbaum am *Buocher Tor.* Hier halten wir uns links und spazieren mit herrlicher Aussicht zurück in den Ort.

Das 1270 urkundlich erwähnte **Buoch** (506 m) liegt auf einer Rodungsinsel hoch über dem Remstal.

Es war im Mittelalter eine Produktionsstätte für qualitativ hochwertige Keramik von »mediterraner Qualität«. Der Ort war bis ins 15. Jahrhundert der älteste Pfarrbezirk der Berglen, und so wurden die Toten aus den umliegenden Orten (zum Beispiel Schornbach, Buhlbronn, Steinach, Oppelsbohm) in Buoch beerdigt, weshalb es mehrere »Totenwege« hierher gab. Die Ursprünge der evangelischen Kirche Sankt Sebastian reichen noch in romanische Zeit zurück. Der heutige spätgotische Bau wurde um 1500 errichtet. Innen befinden sich ein spätgotischer Taufstein, ein Kruzifix

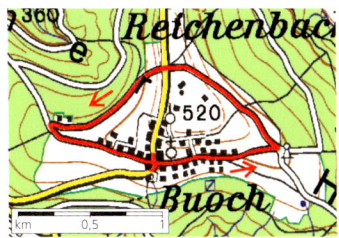

Blick auf das auf einer Rodungsinsel liegende Buoch

(Ende 17. Jh.), ein hölzernes Epitaph (17. Jh.) und ein Orgelprospekt von 1766. Die Fenster stammen von dem im Dorf lebenden Glaskünstler Professor Hans Gottfried von Stockhausen. Am 1732 erbauten Pfarrhaus sieht man das Wappen des Konstanzer Domkapitels.

Buoch war im 19. Jahrhundert eine kleine »Dichtermetropole«. Hier wirkten – und lebten zum Teil auch – die Dichterin Ottilie Wildermuth und ihre Kollegen Eduard Hiller, Hermann Kurz, Karl Mayer, Nikolaus Lenau und andere. Hinter dem Museum steht das Haus, in dem Hermann Kurz (1813–1873) seinen Roman »Schillers Heimatjahre« schrieb. Etwas weiter findet man das Haus, in dem der Dichter Eduard Hiller (1818–1902) ab

1869 bis zu seinem Tod wohnte. Im »Museum im Hirsch« sieht man eine ständige Ausstellung zu den Themen »Dichter in Buoch« und »Keramik im Mittelalter«.

Der »Buocher Horizont« – die Buocher Kirchturmspitze – war bis Ende des Zweiten Weltkriegs ein bei Landvermessern bekannter Dreieckspunkt. Über die Aussicht von der Buocher Höhe heißt es in der Beschreibung des Oberamts Waiblingen aus dem Jahr 1850: »Am Schönsten aber ist die Aussicht von Buoch, wo man nicht nur das ganze Panorama der schwäbischen Alp und ihrer Vorterrasse, sondern auch einen großen Teil des schwäbischen Unterlandes mit ihrem Hintergrund überblickt, während zu den Füßen das fruchtbare Remstal mit seinen

Weinhügeln und Obstbaumwäldern wie ein Garten ausgebreitet liegt.«

Museum:
Museum im Hirsch, Eduard-Hiller-Straße 6, Telefon (0 71 51) 7 32 02.

■ **Zeit:**
Etwa 1½ Stunden.

■ **Höhenunterschied:**
Etwa 30 Meter.

■ **Empfohlene Karte:**
Freizeitkarte 520 Stuttgart, Landesvermessungsamt Baden-Württemberg.

■ **Einkehrmöglichkeit:**
Buoch.

■ **Wegbeschaffenheit/ Kinderwageneignung:**
Asphaltierte und geschotterte Wege.

16 Mammutbäume und Erinnerungen an die Römer

Viel Abwechslung in Welzheim

Bekannt ist Welzheim unter anderem wegen seines teilweise rekonstruierten römischen Ostkastells. Außerdem finden wir beim Ort so manche andere Erinnerung an diese Zeit. Bei diesem Spaziergang kommen wir am Stumpf eines Limesturmes vorbei. Beeindruckend sind auch die Mammutbäume am Ausgangspunkt. Nach der Tour sollte man das in der Art eines Freilichtmuseums gestaltete und kostenlos zu besichtigende Ostkastell aufsuchen oder einen Bummel durch das Zentrum von Welzheim machen.

■ **Ausgangspunkt:**
Welzheim.

■ **Wegverlauf:**
Wir parken auf dem *Parkplatz Waldsportpfad* am südlichen Ortseingang von Welzheim. Hier nehmen wir gleich den nach rechts in den Wald ziehenden Weg. Nach wenigen Minuten sehen wir rechts eine Gruppe mächtiger *Mammutbäume*.

Mammutbäume, auch Wellingtonien genannt, wurden erst 1850 in der Sierra Nevada entdeckt. Die Entdeckung erregte ein derartiges Aufsehen, dass der Baum von den Engländern nach ihrem Nationalhelden »Wellingtonia«, von den Amerikanern »Washingtonia« benannt wurde. Die ersten Bäume kamen 1853 nach Europa, in Württemberg ließ König Wilhelm I. Samen in der Wilhelma aussäen. Die Topfpflänzchen wurden 1865 an die Staatswaldungen im Land verteilt, um zu erproben, ob dieser Baum auch in unseren Wäldern heimisch wird. In Amerika gibt es bis zu 4000 Jahre alte Mammutbäume, die bis zu 120 Meter hoch sind.

Der Weg bringt uns über die *Bahnlinie*. Etwas später, vor der großen Wiese, halten wir uns links und spazieren über die Schneise. Nach einer *Schutzhütte* und einem Rastplatz mit Tisch und Bänken zieht unser Schotterweg (Limes-Wanderweg) nach links in den Wald. Kurz danach sehen wir rechts den Stumpf des *Göckelerturms*.

Der **Göckelerturm** ist der Rest eines Wachtturmes des Limes, des 134. südlich von Jagsthausen. Der Sage nach kräht in der Neujahrsnacht auf ihm ein Hahn, und wer ihn hört, wird im nächsten Jahr Glück haben. Der quadratische Turm besitzt eine Seitenlänge von 4,7 Metern und befindet sich etwa fünfzig Meter vom Limesgraben entfernt. Dieser ungewöhnliche Standort ist

Der Göckelerturm war ein Wachtturm des Limes.

vermutlich darauf zurückzuführen, dass der Turm auf einem Bergvorsprung liegt und man von hier oben den Limes und die Umgebung besser beobachten konnte.

An der nächsten Verzweigung halten wir uns links an den leicht ansteigenden Weg. Wir überqueren einen Bach und stoßen bald auf die *Bahnlinie.* Ihr folgen wir, bis wir links die Tennishalle sehen. Hier biegen wir nach links ab und kommen zum Stadtpark, wo wir nach links zum *Ausgangspunkt* zurückgehen. Nun bietet sich Welzheim für einen Stadtbummel an; einen Besuch lohnt auch das römische Ostkastell.

Sehenswert in **Welzheim** (520 m) ist die evangelische Pfarrkirche Sankt Gallus, die zwar erst 1815/16 erbaut wurde, aber schöne spätgotische Sandsteinplastiken besitzt. Einen Blick sollte man auch auf das Dekanatsgebäude (heute Städtisches Museum) und die verschiedenen anderen historischen Gebäude werfen. Am beeindruckendsten ist aber wohl das Freilichtmuseum Ostkastell. Zusammen mit dem Westkastell gab es hier einst zwei derartige Anlagen, außerdem noch das Kleinkastell Rötelsee. Rekonstruiert ist das östliche Bauwerk mit dem Westtor, einem Teil der Umfassungsmauer und dem Spitzgraben. Zu sehen sind außerdem noch Steindenkmäler; auch die Geschichte der Anlage wird ausführlich erklärt.

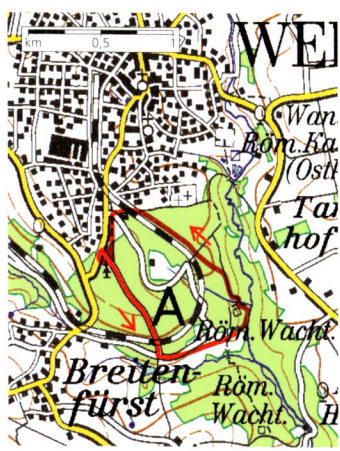

Museen:
Archäologischer Park Ostkastell; Städtisches Museum, Pfarrstraße 8, Telefon für beide Museen (0 71 82) 80 08 15 und 26 60.

■ **Zeit:**
Etwa 1 Stunde.

■ **Höhenunterschied:**
Etwa 50 Meter.

■ **Empfohlene Karte:**
Freizeitkarte 518 Schwäbisch Hall, Landesvermessungsamt Baden-Württemberg.

■ **Einkehrmöglichkeiten:**
Welzheim.

■ **Wegbeschaffenheit/ Kinderwageneignung:**
Schotterwege. Bei der Bachüberquerung geht es ein paar Stufen hinauf und hinab.

17 Eine Mühle im Tal

Zur Meuschenmühle

Wir spazieren vom kleinen Dorf Rienharz südlich von Welzheim hinab zu der in einem Tal liegenden Meuschenmühle, die mit einem riesigen Mühlrad beeindruckt. Der Rückweg führt über die landwirtschaftlich genutzte Hochfläche bei Welzheim.

■ **Ausgangspunkt:**
Alfdorf-Rienharz.

■ **Wegverlauf:**
Wir folgen in *Rienharz* von der Kirche aus der Murrstraße nach Norden in Richtung »Schmidhof«. Kurz nach dem Ort zweigen wir mit dem Zeichen des Mühlenwanderweges nach rechts ab. Es geht über die Felder, dann vorbei an einem Wäldchen, hinab zu einem Sträßchen in einem Taleinschnitt. Nach rechts

kommen wir in wenigen Minuten zur alten *Meuschenmühle*.

Die recht romantisch und einsam in einem Bachtal gelegene, 1271 erstmals genannte **Meuschenmühle** besitzt eine vollständig erhaltene Mahlanlage. Mitte des 16. Jahrhunderts nannte man sie »Nibelgau der Mühlen« und 1600 »Nibelgaumühle«. Die Herkunft des seit etwa 350 Jahren verwendeten heutigen Namens ist unbekannt. Die Mühle besitzt ein oberschlächtiges Mühlrad. Es ist mit sieben Metern Durchmesser das größte Mühlrad im Schwäbischen Wald, mit sechzig Wasserschaufeln versehen und leistet neun PS.

Auf dem Rückweg nehmen wir das mit dem roten Kreuz markierte Sträßchen, das uns auf die Höhe bringt. Wir biegen hier nach links ab und spazieren vorbei am Schmidhof mit dem Zeichen roter Strich zurück nach *Rienharz*.

Die Meuschenmühle mit ihrem riesigen Mühlrad ist eine der größten des Schwäbisch-Fränkischen Waldes.

■ **Zeit:**
Etwa 1 Stunde.

■ **Höhenunterschied:**
Etwa 50 Meter.

■ **Empfohlene Karte:**
Freizeitkarte 518 Schwäbisch Hall, Landesvermessungsamt Baden-Württemberg.

■ **Einkehrmöglichkeit:**
Rienharz.

■ **Wegbeschaffenheit/ Kinderwageneignung:**
Asphaltwege.

18 **Über den Badesee zum Kastell**

Aichstrutsee und Kleinkastell Rötelsee

Bei diesem Spaziergang zum Aichstrutsee kann man auch das interessante Kleinkastell Rötelsee »mitnehmen«. Der Spaziergang führt durch eine lebhaft gewellte Landschaft, die so manchen schönen Ausblick bietet. Außer am beschriebenen Ausgangspunkt kann man die Tour auch direkt am See beginnen. Der Aichstruter See ist ein in die Natur eingewachsener Stausee, der heute als beliebter Badesee Besucher aus Nah und Fern anlockt.

■ **Ausgangspunkt:**
Welzheim.

■ **Wegverlauf:**
Nordöstlich von *Welzheim* an der nach Gschwend führenden

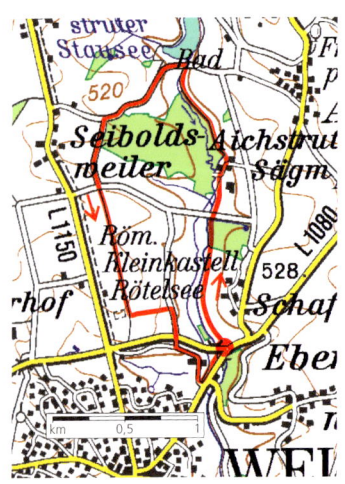

Auf dem Weg zum Aichstruter Stausee

Umgehungsstraße befindet sich ein Parkplatz. Wir folgen hier dem nach Norden führenden Weg, der uns zwischen Wald und Weiden zu einem Querweg bringt; hinter ihm geht es etwas nach rechts versetzt weiter. Wir spazieren links an der *Aichstruter Sägemühle* vorbei zum *Aichstruter Stausee*.

Am gebührenpflichtigen Parkplatz vor der Staumauer halten wir uns links. Der Weg steigt leicht an und bringt uns zu einem Wäldchen. Nach ihm biegen wir nach links ab und spazieren auf dem Limes-Wanderweg weiter. Der Weg fällt, dann steigt er wieder an, und wir kommen zum römischen *Kleinkastell Rötelsee*.

Das **Kleinkastell Rötelsee** gehörte zu den kleinsten Anlagen am obergermanischen Limes. Seine Umfassungsmauer ist noch sichtbar und konserviert.

Nach dem Kastell biegen wir nach links ab, am nächsten Querweg rechts und kommen zur Straße. Wer will, folgt ihr nach links hinab zum Ausgangspunkt. Sicherer ist es aber, wenn wir sie überqueren, uns links halten und über die Obermühle zur Querstraße im Tal kommen. Ein Fußgängerweg bringt uns nach links zurück zum *Ausgangspunkt*.

- **Zeit:**
  Etwa 2 Stunden.

- **Höhenunterschied:**
  Etwa 50 Meter.

- **Empfohlene Karte:**
  Freizeitkarte 518 Schwäbisch Hall, Landesvermessungsamt Baden-Württemberg.

- **Einkehrmöglichkeit:**
  Aichstruter Stausee.

- **Grillmöglichkeiten:**
  Aichstruter Stausee.

- **Wegbeschaffenheit/
  Kinderwageneignung:**
  Schotterwege.

19 Vom See in den Wald

Um den Hagerwaldsee

Der amtlicherseits Regenrückhaltebecken genannte Hagerwaldsee ist trotz seiner künstlichen Entstehung ein idyllisches Gewässer, das mit zwei Armen in die umliegenden Wälder hineinragt. Man kann in ihm baden, ihn aber auch bei einem Spaziergang umrunden.

- **Ausgangspunkt:**
  Alfdorf-Hüttenbühl.

- **Wegverlauf:**
  Es gibt am Abzweig vor dem

Campingplatz einen offiziellen Parkplatz. Wer hier parkt, muss allerdings auf einer Treppe hinauf zur Staumauer aufsteigen. Wer dies nicht will oder mit dem Kinder-

Der Hagerwaldsee lässt sich gut umrunden.

wagen unterwegs ist, parkt am Zufahrtssträßchen zum See gegenüber von *Hüttenbühl,* wo es allerdings nur wenige Plätze gibt.

Vom *Parkplatz* aus folgen wir dem Sträßchen zum *Campingplatz* und steigen hinauf zur *Staumauer.* Ein kurzer, knapp dreiviertelstündiger Spaziergang führt um den See.

Wer eine etwas längere Strecke gehen will, hält sich links und am Ende der Mauer rechts. Nun kommen wir hinab zum See. Am Ende dieses »Zipfels« biegen wir nach links in den geschotterten Schmerbachtalweg ein. Nach einer scharfen Rechtskurve steigt es an. An einer Verzweigung halten wir uns links, an der Wegspinne danach

gehen wir auf dem Schanzweg geradeaus weiter. Wir ignorieren den von rechts einmündenden Weg, danach fällt es in einer weiten Rechtskurve ab ins Rottal. Nach rechts kommen wir zurück zum See, den wir nun auf seiner anderen Seite umrunden können.

■ **Zeit:**
Etwa 1½–2 Stunden.

■ **Höhenunterschied:**
Etwa 90 Meter.

■ **Empfohlene Karte:**
Freizeitkarte 518 Schwäbisch Hall, Landesvermessungsamt Baden-Württemberg.

- ■ **Einkehrmöglichkeit:**
  Campingplatz.

- ■ **Grillmöglichkeit:**
  Am See.

- ■ **Wegbeschaffenheit/
  Kinderwageneignung:**
  Asphalt- und Schotterwege.

- ■ **Sonstiges:**
  Bademöglichkeit im See.

20 Einsame Mühle im Wiesental

Zur Menzlesmühle

Zu den schönsten Mühlen im Schwäbischen Wald gehört die Menzlesmühle. Sie liegt einsam zwischen Wiesen, Wäldern und Tälern.

- ■ **Ausgangspunkt:**
  Nördlich der Heinlesmühle.

- ■ **Wegverlauf:**
  Wir parken auf den *Parkplätzen* an der Landstraße zwischen Neuwirtshaus und Hundsberg. Südlich der Landstraße liegt die *Heinlesmühle,* der man in wenigen Minuten ebenfalls einen Besuch abstatten kann.

Die **Heinlesmühle** ist ein prächtiges Fachwerkhaus und war früher eine sehr bedeutende Mühle und Schild-

wirtschaft, zeitweise sogar die »Schultheißerei« für Vordersteinenberg und der wichtigste Steuerzahler der Gemeinde. Schildwirtschaft

Die Menzlesmühle liegt versteckt mitten im Schwäbischen Wald.

Dann gehen wir von der Landstraße aus nach Norden. Wir folgen immer dem mit dem roten Strich markierten Wanderweg, der uns zuerst durch das idyllische Tal der Schwarzen Rot führt. Rechts auf der Höhe sehen wir Hundsberg, dann kommen wir an der *Hundsberger Sägemühle* vorbei. Schließlich spazieren wir auf einem Forstweg bis zur *Menzlesmühle*.

Die aus dem 14. Jahrhundert stammende **Menzlesmühle** ist eine ehemalige Getreiderückschüttmühle und Sägemühle und besitzt vier Mühlräder, davon drei oberschlächtige, die vom Hag- und Gauchhauserbach angetrieben werden. Von 1365 bis 1682 wurde sie Cronmühle nach dem nahegelegenen Cronhütte genannt. 1721 brannte sie bei einem Großfeuer ab, wurde aber wieder aufgebaut. Seit 1980 ist sie außer Betrieb.

bedeutet, dass in ihr im Gegensatz zu reinen Speisegaststätten auch übernachtet werden konnte und die Ausrichtung von Hochzeiten und Taufen und Ähnlichem erlaubt war. Die Mühle gehörte bis Mitte des 16. Jahrhunderts der Stadt Gmünd. Angeblich wurde in ihr bereits im 12. Jahrhundert gemahlen. Die ehemalige Getreideschüttmühle besitzt auch eine heute noch funktionsfähige Säge und wurde von zwei oberschlächtigen Wasserrädern angetrieben. Das zweite Wasserrad wurde 2001 erneuert.

■ **Zeit:**
Etwa 1 Stunde.

■ **Höhenunterschied:**
Unwesentlich.

■ **Empfohlene Karte:**
Freizeitkarte 518 Schwäbisch Hall, Landesvermessungsamt Baden-Württemberg.

■ **Wegbeschaffenheit/ Kinderwageneignung:**
Geschotterte Wege und Naturwege.

Neckarland

21 Vorbei am römischen Gutshof

Zum Schönbühl

Dieser Spaziergang führt uns zum Schönbühl, einer kleinen Erhebung westlich von Schwaikheim. Wir haben unterwegs immer wieder schöne Blicke auf die Felderlandschaft und auf Schwaikheim, außerdem kommen wir am historisch interessanten Ausgrabungsort eines römischen Gutshofes vorbei.

■ **Ausgangspunkt:**
Schwaikheim.

■ **Wegverlauf:**
Wir starten am *Marktplatz,* der sich beim Rathaus unterhalb der Kirche befindet. Dann spazieren wir die westlich liegende Winnender Straße abwärts. Wo sie kurz darauf eine Linkskurve beschreibt, gehen wir in der Schönbühlstraße gerade-

Kürbisfeld auf dem Weg zum Schönbühl

aus weiter. An der nächsten Verzweigung halten wir uns mit dem Radwegschild links. Langsam ansteigend spazieren wir erst über Felder, dann durch Kleingärten zum Platz der *römischen Ausgrabungen*.

Bei der Flurbereinigung 1928 hat man erstmals die Fundamente des **Gutshofes** entdeckt. Er existierte zwischen 150 und 260 n. Chr. und bestand nach heutiger Erkenntnis aus drei Gebäuden. Hier in der Nähe haben wohl bereits die Römer Wein angebaut. Der Weinbau wurde erst um 1910 eingestellt.

Etwas später zieht unser Weg nach links hinab (Radwegschild Hohenacker) und nach dem Bach wieder hinauf zur Landstraße. Wir durchqueren den *Zillhardtshof,* wobei wir uns in der Ansiedlung links halten (Radwegschild »Schwaikheim«). Wo wir nach dem Zillhardtshof an einem querenden Weg rechts einen Hof sehen, biegen wir nach links ab. Nach kurzem Geradeaus halten wir

uns an einem Querweg links und
kommen zu den ersten Häusern
von *Schwaikheim*. Wir gehen die
Kelterstraße hinab bis zur vorfahrtsberechtigten Ludwigsburger Straße,
die uns nach rechts zurückbringt.

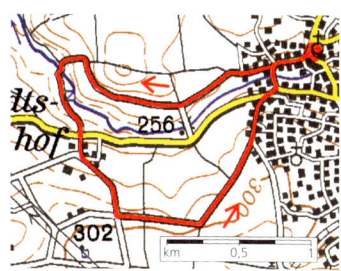

Die Umgebung von **Schwaikheim**
(276 m) war bereits ab der Jung-
steinzeit bewohnt, wie aus Funden
im Zipfelbachtal geschlossen werden kann. Zur Römerzeit führte
eine Römerstraße, der heutige Rö-
merweg, von Schwaikheim nach
Affalterbach. Der Ort wurde 853 als
Sueinincheim in einer Urkunde des
Klosters Lorsch erstmals erwähnt.
Später wurde er von den Herren von
Ebersberg an die Grafen von Württemberg verkauft. 1693 brannten
ihn die Franzosen ab.

■ **Zeit:**
    Etwa 2 Stunden.

■ **Höhenunterschied:**
    Etwa 60 Meter.

■ **Empfohlene Karte:**
    Freizeitkarte   520   Stuttgart,
Landesvermessungsamt   Baden-
Württemberg.

■ **Einkehrmöglichkeiten:**
    Schwaikheim.

■ **Wegbeschaffenheit/
    Kinderwageneignung:**
Asphaltwege.

22 Idyllischer Bach

Durchs Buchenbachtal

**Bei diesem Spaziergang gehen wir zuerst über landwirtschaftlich
genutzte Flächen, dann im idyllischen Buchenbachtal zurück.**

■ **Ausgangspunkt:**
    Gollenhof bei Leutenbach-Wei-
ler zum Stein.

■ **Wegverlauf:**
    In *Gollenhof* folgen wir dem
Wegweiser zum Wanderparkplatz

Begegnung auf dem Weg ins Buchenbachtal

beim *Abwasserklärwerk Buchenbachtal*. Dann umgehen wir die Kläranlage links, spazieren dahinter nach links über eine Wiese zum Bach und nach ihm hoch nach *Steinächle*. In den Weiler biegen wir nach rechts

ab, kommen wieder hinab zum Bach und steigen danach an bis zu einer Ansiedlung. Hier biegen wir vor dem Fahrverbotsschild nach links ab und kommen nach *Kirschenhardthof*. An der Querstraße orientieren wir uns links, am Ortsende vor den letzten Gebäuden rechts. Es geht erst hinab, dann wieder hinauf bis zu einem querenden Feldweg. Wir biegen nach links ab, dann knickt der Weg nach rechts ab und trifft gleich danach auf den mit dem blauen Punkt markierten Wanderweg. Ihm folgen wir nach links hinab ins *Buchenbachtal* kurz vor Wolfsölden.

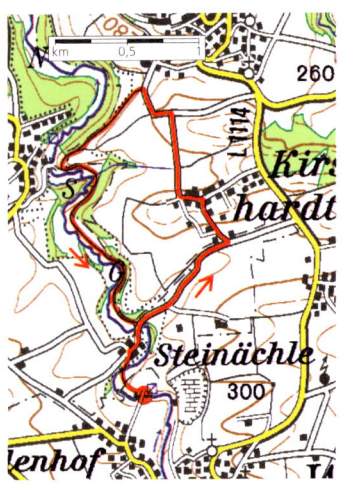

Der 23 Kilometer lange **Buchenbach** besitzt ein weit verästeltes Einzugsgebiet in den Keuperhöhen der Berglen zwischen Allmersbach im Tal und Rudersberg. Er tritt unterhalb von Winnenden in den Muschelkalk ein. Hier in seinem Unterlauf mäandert er durch ein als Naturschutzgebiet ausgewiesenes, scharf und bis zu sechzig Meter tief eingeschnittenes Tal mit Wiesen und Wald. Der Ufersaum ist von Weiden, Erlen und Eschen bewachsen, die Hänge sind mit den namensgebenden Buchen und teilweise mit Fichten bestockt. Zwi-

schen Burgstetten und Kirchberg mündet er in die Murr.

Hier orientieren wir uns links und gehen am Bach entlang zurück zu dem Sträßchen, das wir noch vom Beginn her kennen. Wir halten uns rechts und gehen durch *Steinächle* auf bekanntem Weg zurück.

■ **Zeit:**
Etwa 1½ Stunden.

■ **Höhenunterschied:**
Etwa 70 Meter.

■ **Empfohlene Karte:**
Freizeitkarte 520 Stuttgart, Landesvermessungsamt Baden-Württemberg.

■ **Wegbeschaffenheit/ Kinderwageneignung:**
Anfangs Asphaltwege; durch das Buchenbachtal führt ein Pfad.

23 Entlang der Bottwar

Von Steinheim nach Kleinbottwar

Dieser Spaziergang führt uns entlang der lustig plätschernden Bott-war nach Kleinbottwar. Steinheim hat ein schönes altes Zentrum zu bieten, außerdem das Urmenschmuseum. Auch in Kleinbottwar kann man noch sehenswerte Häuser finden.

■ **Ausgangspunkt:**
Steinheim an der Murr.

■ **Wegverlauf:**
Wir starten westlich des Zentrums am alten *Bahnhof,* wo wir eine ausgestellte Dampflok bewundern können. Dann nehmen wir gegenüber der Lok den Bahnweg (Radwegschild »Bottwartalweg«). Nun geht es entlang des Flüsschens,

bald verlassen wir Steinheim und kommen nach *Kleinbottwar.*

1245 wurde erstmals zwischen Groß- und **Kleinbottwar** (210 m) unterschieden, der Ort hieß damals Botowar inferius. 1480 gehörten eine Dorfhälfte und die Burg zu Württemberg, das beides als Lehen an die Herren von Plieningen vergab. Diese kauften 1497 auch die

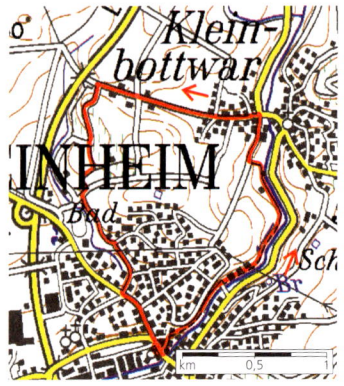

Ortshälfte des Klosters Steinheim, sodass ihnen der ganze Ort gehörte. Nach dem Aussterben der Plieninger gelangte er 1645 im Erbweg an die von Gaisberg und 1765 an die von Kniestedt, danach 1805 an Württemberg. Die Kirche ging aus einer im 14. Jahrhundert als Filialkirche von Steinheim belegten Sankt-Georgs-Kapelle hervor. Sie wurde von der Familie von Plieningen 1491 als Grablege erbaut und reich ausgestattet (prächtiger spätgotischer Hochaltar aus dem Umkreis Daniel Mauch und Jörg Lederer, um 1520, Taufbecken, 1500, Steinkanzel, 1617, Kruzifix, um 1510, Sakramentshaus, Fenster, Epitaphe). Vor ihr steht ein als Naturdenkmal geschützter Spitzahorn.

Das um 1700 erbaute Pfarrhaus besitzt einen zweiteiligen Treppenaufgang und einen Rundbogeneingang in den Keller. Das Untere Schloss brannte 1693 ab und wurde 1706 von Sebastian von Gaisberg mit der mächtigen Fachwerkanlage des Amtshauses teilweise wieder aufgebaut. In ihm wurde der Theologe und Philosoph Eduard Zeller (1814–1908) geboren. Die Kelter stammt von 1838, das Rathaus von 1806. Das Marquardtsche Haus von 1619 ist das ehemalige Wohnhaus des Bürgermeisters und besitzt einen profilierten Rundbogeneingang.

Hier biegen wir an der Brücke, die nach rechts ins Zentrum führt, nach links ab und marschieren auf dem als Radweg ausgezeichneten Weg bis kurz vor die Landstraße, wo wir mit dem Wanderzeichen blauer Strich nach links abbiegen. Wir treffen auf einen querenden Weg, halten uns rechts, der Weg knickt nach links ab und am nächsten Querweg geht es etwas nach rechts versetzt weiter. Schließlich gehen wir nach der Schule in Steinheim an der Murr nach links zur Kleinbottwarer Straße, die uns zurück zum Ausgangspunkt bringt.

Die dreischiffige Martinskirche in **Steinheim an der Murr** (200 m) wurde 1235 erstmals erwähnt und ging aus einer romanischen Basilika hervor. Sie war früher als Wehrkirche ummauert. Dahinter befindet sich das Urmenschmuseum. Schräg gegenüber der Kirche findet man das aus dem Barock stammende Vogtshaus (1741). Auf dem Marktplatzbrunnen sitzt ein Löwe von 1686/87 mit dem württembergischen Wappen. Das 1686/1687 entstandene Rathaus wurde auf Grundmauern des Vorgängerbaus errichtet und besitzt schönes Zierfachwerk, einen außen liegenden Treppenaufgang und einen Arkadengang. Das Schlössle ist ein 1624 erbauter Herrensitz und besitzt ein schön geschmücktes Portal. Beim Bahnhof steht als technisches Denkmal eine Schmalspurlokomotive.

- ■ **Zeit:**
  Etwa 1 Stunde.

- ■ **Höhenunterschied:**
  Etwa 30 Meter.

- ■ **Empfohlene Karte:**
  Freizeitkarte 520 Stuttgart, Landesvermessungsamt Baden-Württemberg.

Fachwerkhäuser im Zentrum von Steinheim an der Murr

- ■ **Einkehrmöglichkeiten:**
  Steinheim an der Murr.

- ■ **Wegbeschaffenheit/ Kinderwageneignung:**
  Asphalt- und Schotterwege.

24 Aussicht ins Flusstal

Nach Marbach am Neckar

Die Schillerstadt Marbach am Neckar wäre schon für sich alleine einen Ausflug wert. Wir wollen uns aber auf einen Spaziergang durch die Weinberge machen, wobei wir unter anderem einen herrlichen Blick auf den Neckar mit Benningen haben.

- ■ **Ausgangspunkt:**
  Marbach am Neckar.

- ■ **Wegverlauf:**
  Wir stellen unser Fahrzeug auf

Blick auf den Neckar und nach Benningen

können wir nach rechts zurück zum Ausgangspunkt gehen.

Wer noch weiter will, behält seine Richtung bei und spaziert bald an einer alten *Grubbank* vorbei. Danach kommt man zu der Erhebung *Galgen,* wo man einen schönen Spiel- und Grillplatz findet, außerdem mächtige alte Bäume und eine Aussicht nach Norden, die ihresgleichen sucht. Die Ortsgruppe Marbach des Schwäbischen Albvereins hat hier anlässlich ihres hundertjährigen Bestehens 1997 eine Windrose aufgestellt, die die Aussicht erklärt. Danach gehen wir weiter zu einer Kreuzung nach einem verputzten *Steinhäuschen.* Hier steht eine *Grubbank* vom Jahr 2000. Wir biegen nach rechts ab und spazieren hinab. Unten zieht der Weg nach rechts und wir gehen immer geradeaus, bis wir die Gleise nach links zum *Bahnhof* überqueren können. Gleich nach den Gleisen halten wir uns rechts und marschieren auf den Kirchturm der Alexanderkirche zu.

Jetzt empfiehlt sich ein Bummel durch das Städtchen.

dem ersten *Parkplatz* ab, auf den wir treffen, wenn wir vom Neckartal aus nach Marbach fahren. Wer mit der S-Bahn kommt, beginnt am Bahnhof. Etwas oberhalb des Parkplatzes biegen wir nach links ab zu der auf der Höhe liegenden *Alexanderkirche.* Nach der Kirche und dem links liegenden *Krankenhaus* biegen wir nach links ab in die Panoramastraße; vor dem Parkplatz halten wir uns rechts und kommen hinaus in die Weinberge. Bald sehen wir links einen *Gedenkstein* mit dem Spruch »Was macht das Land uns so vertraut …«. Hier haben wir einen schönen Blick hinab zum Neckar. Danach folgen noch ein paar Weinberghäuschen und anschließend treffen wir auf einen anderen Weg. Wir biegen scharf nach rechts ab und spazieren, bis wir links ein bungalowähnliches Häuschen sehen. Hier halten wir uns mit dem Wanderzeichen rotes Kreuz und Württembergischer Weinwanderweg links. Am nächsten Querweg

Die Altstadt von Marbach am Neckar (229 m) steht seit 1983 unter Denkmalschutz. Die spätgotische Alexanderkirche ist eine der bedeutendsten gotischen Kirchen des

Landes. Ihr ab 1450 erbauter Chor ist ein Frühwerk von Aberlin Jörg. Die Kirche besitzt eine reiche Ausstattung. Am Alten Markt sehen wir das Seelhaus (Armenhaus) von 1611; es wurde nach 1693 zur Lateinschule umgebaut. Das Gerberhaus (1578) ist das älteste vollständig erhaltene Wohngebäude der Stadt. Im Gasthaus »Zum Goldenen Löwen« wurde 1732 Schillers Mutter geboren. Schillers Geburtshaus wurde nach dem Stadtbrand 1693 neu erbaut und 1859 von Christian F. Leins verändert. Auf dem »Wilder-Mann-Brunnen« sieht man den sagenhaften Gründer der Stadt, den »Mars Bacchus«. Links vom Diakonat (1698) befindet sich das Spezialat (1696). In der Unteren Holdergasse stehen das Beginenhaus (1700/1702), und in der Nähe finden wir die Stadtmauer mit Wehrgang und den Haspelturm.

Die Stadtkirche ging aus der früheren Marienkapelle hervor und wurde wahrscheinlich um 1600 Pfarrkirche. Das klassizistische Rathaus ist mit Arkaden verziert (1760/1763). Weiter sehenswert in der Umgebung sind die Apotheke, die ehemalige Stadtschreiberei, Gebäude Nr. 47, der Heinlinsche Hof und das Physikatshaus, Nr. 53. Das Interims-Rathaus diente nach einem Brand 1693 bis 1763 als Amtsitz. Die Geistliche Verwaltung (1700) war ab 1754 Spezialat beziehungsweise Dekanat. Nahebei finden wir das Graben- oder Bärentor. Der Diebs- oder Malefizturm diente früher auch als

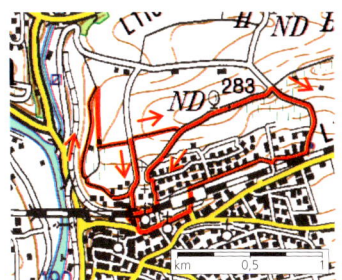

Gefängnis. Die spätgotische Wendelinskapelle (1433) besitzt maßwerkverzierte Chorfenster. Der im Kern mittelalterliche Obere Torturm ist der einzige noch erhaltene Stadtturm von ehemals drei. Er wurde 1290 erstmals erwähnt. Nicht vergessen sollte man die Schillerhöhe mit dem Schiller-Nationalmuseum, dem Deutschen Literaturarchiv und dem Literaturmuseum der Moderne.

■ **Zeit:**
Kurze Tour etwa 1 Stunde, lange etwa 2 Stunden.

■ **Höhenunterschied:**
Etwa 90 Meter.

■ **Empfohlene Karte:**
Freizeitkarte 520 Stuttgart, Landesvermessungsamt Baden-Württemberg.

■ **Einkehrmöglichkeiten:**
Marbach am Neckar.

■ **Wegbeschaffenheit/ Kinderwageneignung:**
Asphaltwege.

25 Schlössertour bei Ludwigsburg

Monrepos und Favorite

Dies ist ein Spaziergang so richtig nach dem Herzen von Jung und Alt. Wir umrunden den Monrepos-See – wer will, kann sogar Tretboot fahren – und können das Schlösschen Monrepos (von außen) besichtigen. Als Erweiterung (oder separate Tour) marschiert man dann zum Favoritepark mit dem Favoriteschlösschen.

■ **Ausgangspunkt:**
Ludwigsburg, Parkplatz beim Schloss Monrepos.

■ **Wegverlauf:**
Der Wegverlauf ist einfach: Vom Monrepossparkplatz aus gehen wir zum bereits sichtbaren Schloss. Nun kann man den idyllischen See umrunden und/oder Tretboot fahren.

Das **Schloss Monrepos** wurde 1760 bis 1764 für Herzog Carl Eugen er-

richtet und 1804 unter König Friedrich I. klassizistisch umgebaut; er gab ihm auch den Namen »Meine Ruhe«. In der Mitte des Gebäudes befindet sich ein hervorspringender, halbrunder Gebäudeteil mit einer mächtigen Kuppel, die mit einem imposanten Bild geschmückt ist. Innen besitzt es einen schönen Bibliotheksraum und ein imposantes Kuppelbild. Sehenswert sind auch die verschiedenen Skulpturen. Die Gartenanlage wurde 1801 angelegt. Auf einer Insel steht eine Ende des 18. Jahrhunderts im Stil der Gotik für die Hohenheimer Kartause erbaute Kirche, die 1801 hierher versetzt wurde und seit 1945 Ruine ist.

Verlängern können wir die Tour, wenn wir zum *Favoritepark* gehen. Hierzu nimmt man die westlich vom Parkplatz abgehende Seeschlossallee, die uns schnurgerade zum *Favoritepark* bringt. Dort gibt es jede Menge zahmer Tiere, die sich sogar füttern lassen. Außerdem finden wir hier ein ebenso schönes *Schlöss-*

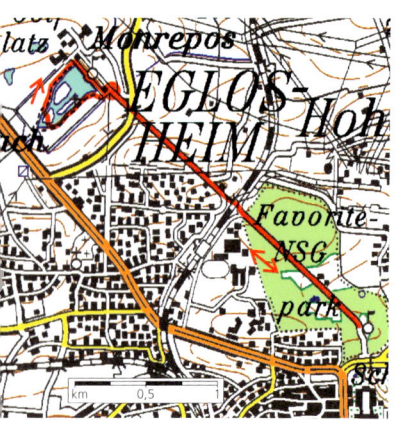

Das Schloss Favorite ist auch von außen eine sehenswerte Anlage.

chen, das sogar von innen besichtigt werden kann. Auf dem Rückweg benutzt man dieselbe Strecke.

Der 72 Hektar große **Favoritepark** wurde 1707 von Herzog Eberhard Ludwig als Wildpark und Fasanerie angelegt. Heute lebt hier Dam-, Axis- und Muffelwild, das teilweise so zahm ist, dass es sich füttern lässt. Außerdem findet man zahlreiche uralte Bäume, insbesondere Eichen, die einer Vielzahl von Insekten- und Vogelarten eine Heimat bieten. Seit 1937 ist der Park als Naturschutzgebiet ausgewiesen.

Die Pläne für das 1717 bis 1723 erbaute zierliche **Lustschlösschen** stammen von Johann Friedrich Nette und Donato Frisoni, vollendet wurde es von Paolo Retti. Es besitzt eine farbige Fassade und ist über beeindruckende Freitreppen zugänglich, außen sieht man schöne Skulpturen. Die Innenräume wurden 1723 bis

1731 von Friedrich von Thouret umgestaltet. Hier kann man Wandmalereien von hoher Qualität bewundern. Das Bauwerk bot einen festlichen Rahmen bei fürstlichen Jagden, war sommerlicher Aufenthaltsort und bei der Hochzeit Carl Eugens Ort tagelanger Festlichkeiten.

■ **Zeit:**
Seeumrundung etwa eine ¾ Stunde; zum Favoritepark und zurück etwa 1½ Stunden.

■ **Höhenunterschied:**
Unwesentlich.

■ **Empfohlene Karte:**
Freizeitkarte 520 Stuttgart, Landesvermessungsamt Baden-Württemberg.

■ **Wegbeschaffenheit/ Kinderwageneignung:**
Asphaltwege.

Zwischen
Enz und
Stromberg

26 Im Bietigheimer Forst

Krautschüssel und Lusthaus

Dieser Spaziergang führt uns durch ein schönes Waldgebiet, in dem früher die württembergischen Fürsten gerne jagten. Aus dieser Zeit stammen auch noch die interessanten Relikte im Wald.

■ **Ausgangspunkt:**
Bietigheimer Forst.

■ **Wegverlauf:**
Wenn wir von Ingersheim-Groß-ingersheim in Richtung Bietigheim fahren, parken wir gleich am Anfang des Bietigheimer Forsts auf dem *Parkplatz*. Hier nehmen wir die mit den Wanderzeichen rotes Kreuz und Punkt markierte Ewigkeitsallee, die uns in wenigen Minuten zur »*Krautschüssel*« bringt.

Der **Bietigheimer Forst** war früher ein bevorzugtes Jagdgebiet der württembergischen Herrscher. Damals umgab ein hoher Zaun den Forst. Hinein durften nur geladene Gäste. Etwa in der Mitte des Waldes liegt das **Lusthaus,** das – anstelle eines 1760 von Herzog Carl Eugen erstellten Achteckbaus – 1871 errichtet wurde. Die **Krautschüssel** ist ein kleiner, kreisrunder und etwa fünf Meter tiefer Weiher. Er wurde 1760 unter Herzog Carl Eugen als Tränke und Suhle für

Rot- und Schwarzwild angelegt. Sein eigentlicher Ursprung ist aber eine Doline, eine typische Erscheinung in Muschelkalkgebieten. Er war auch einer der Zielpunkte der um die Mitte des 18. Jahrhunderts angelegten »Ewigkeitsallee«, die zwischen dem Schloss in Ludwigsburg und der Enz verlief.

Hinter dem Weiher spazieren wir in wenigen Minuten zu dem hölzernen *Lusthaus*. Hinter ihm, links vom Brunnen, folgen wir den Zeichen roter Strich und Punkt zu einem *Aussichtspunkt* hoch über der Enz.

Die Krautschüssel ist ein kreisrunder Weiher mitten im Wald.

Wir halten uns rechts und sehen gleich links den *Fürstenstand*.

Der **Fürstenstand** (250 m) war ein beliebter Jagdstand der württembergischen Herrscher. Das Wild wurde vom Brachberg oder aus dem Oberen Wald durch die darunterliegende Enzfurt hierher getrieben. Bei dem steilen, neunzig Meter abfallenden Aussichtsfelsen **Eberstein** soll einer Legende nach eine gleichnamige Burg gestanden haben. 1856 wurde die jetzige Aussichtsplattform auf einem Felsen aus Muschelkalk erbaut.

Anschließend kehren wir zurück zum *Lusthaus*. Nun kann man entweder auf dem Anmarschweg zurückgehen oder sich rechts in den Weg mit dem blauen Strich halten. An der Landstraße geht es dann parallel zu ihr nach links zurück.

■ **Zeit:**
Etwa 1 Stunde.

■ **Höhenunterschied:**
Unwesentlich.

■ **Empfohlene Karte:**
Freizeitkarte 520 Stuttgart, Landesvermessungsamt Baden-Württemberg.

■ **Wegbeschaffenheit/ Kinderwageneignung:**
Asphaltwege.

27 Von Sachsenheim zur Burgruine

Ruine Alt-Sachsenheim

Dieser Spaziergang führt uns von Sachsenheim, wo wir einen Blick auf das Schloss werfen können, zur Ruine Alt-Sachsenheim, dann über die Felder über dem Enztal wieder zurück zum Ausgangspunkt. In Sachsenheim, bei der Ruine und in Untermberg sehen wir jeweils historisch interessante Gebäude.

■ **Ausgangspunkt:**
Großsachsenheim.

■ **Wegverlauf:**
Großsachsenheim (245 m) wurde 1090 in einer Urkunde des Klosters Hirsau erstmals erwähnt. Auch das Kloster Reichenau hatte hier Besitz. Aufgrund der Bemühungen des württembergischen Landhofmeisters Hermann von Sachsenheim wurde der Ort 1495 zur Stadt erhoben. Die mächtige evangelische Stadtpfarrkirche Sankt Fabian und Sebastian wurde um 1265 als zweitürmige Wehrkirche mit Ummauerung erbaut. Auf der Nordseite steht ein »Schneckenturm« in Renaissanceformen. Die Kirche besitzt figürliche Renaissance-Grabdenkmäler der Herren von Sachsenheim (16. Jh.). Besonders bemerkenswert ist das Grabdenkmal von Reinhart und Margarete von Sachsenheim (um 1515). Das Fachwerk-Pfarrhaus östlich der Kirche ist die ehemalige Vogtei (1473/1493). Über dem nördlichen Eingang befindet sich

ein Wappenstein der Sachsenheim-Neipperger. Das Mesnerhaus von 1698 besitzt einen profilierten Eingang.

Ein schönes Bild bieten die sanierten Fachwerkhäuser in der Oberen Straße mit Wohngebäuden und Scheuern, vorwiegend aus der Zeit um 1700. Ein bedeutendes Bauwerk ist das ehemalige Wasserschloss, ein zwölfeckiger Renaissancebau, der aus einer Burg aus dem 14. Jahrhundert hervorging und heute als Rathaus dient. An der Brücke zum Schloss sitzt das spätgotische »Klopferle«, eine Sagengestalt mit Blattmaskengesicht. Auf der Ostseite der Anlage ist ein Narr an der Mauer angebracht, der seine Zunge herausstreckt.

Wir beginnen bei der *Stadtkirche* von *Großsachsenheim,* von wo aus wir nach Süden spazieren. An der Ampel wenden wir uns nach rechts in die Bissinger Straße. Das *Schloss,* heute Rathaus (mit der Klopferle-Figur), finden wir, wenn wir an

Die Ruine Alt-Sachsenheim thront hoch über dem Enztal.

der Ampel nach links in den Park gehen.

Dann spazieren wir in der Bissinger Straße aus dem Ort hinaus. Am Ortsende sollten wir das prächtige schmiedeeiserne Tor am Friedhof beachten. Nun spazieren wir geradeaus auf dem Feldweg weiter. Am nächsten Weg halten wir uns links zur Landstraße, gehen an den Höfen dahinter links vorbei und biegen nach ihnen mit dem Wanderzeichen blaue Raute nach rechts ab. Am Feldweg nach den Häusern orientieren wir uns links, gehen über die Brücke und wandern auf dem Sträßchen auf *Egartenhof* zu.

Hier führt unser Weg gleich am Ortsschild mit den Zeichen rotes Kreuz und Weinwanderweg nach rechts weiter. Zuerst gehen wir aber in den Weiler hinein zur *Ruine Alt-Sachsenheim*.

Die vielleicht im 13. Jahrhundert, sicher aber 1375 erstmals erwähnte

Ruine Alt-Sachsenheim (245 m) wurde im 13. Jahrhundert möglicherweise als Stammsitz der Herren von Sachsenheim (1561 ausgestorben) erbaut. Durch die beherrschende Lage über dem Enztal konnten die Burgherren den Floßverkehr sowie die Fuhrleute kontrollieren. Um 1430 gelangte die Burg an die mit den Sachsenheimern verwandten Herren von Nippenburg. Sie verfiel nach der Sitzverlegung der Burgherren nach Sachsenheim und ist seit dem 17. Jahrhundert Ruine. Bis 1685 wurde sie wie in der Kieser'schen Forstkarte Eyßenburg (= Äußere Burg) genannt im Gegensatz zur inneren Burg, dem Schloss Sachsenheim; so steht sie auch heute noch in der amtlichen Karte.

Die Anlage ist mit einer Kantenlänge von rund dreißig Metern fast quadratisch. Sie war ehemals dreistöckig, heute sieht man noch die Kragsteine im Innern. Erhalten sind auch die dicht mit Efeu be-

wachsenen hohen Reste der Umfassungsmauer (13. Jh.). Sie war
früher wohl bis zu drei Meter dick
und ist an den Ecken mit großen Bu-
ckelquadersteinen aus Muschelkalk
verstärkt. Außerdem sieht man auf
der Ostseite Reste des Grabens.

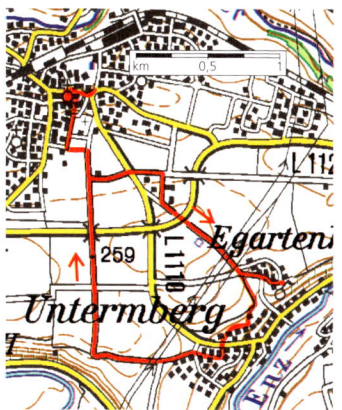

Nach der Besichtigung kehren wir
wieder zum Ortsschild zurück,
biegen nach links ab und kommen
gemächlich bergab gehend zum
Ortsrand von *Untermberg.* Wir spazieren nach rechts weiter, dann nach
links zwischen den Häusern hinab
zu einer Anliegerstraße und auf ihr
nach rechts zur Landstraße. Auf ihrer
anderen Seite steigen wir auf einer
Treppe hinauf und biegen an der
nächsten Straße (Im Krautgarten)
nach rechts ab. Bald geht es wieder
auf einer Treppe hinauf. Nach der
Querstraße wandern wir im Rulän-
derweg weiter. Hier sehen wir gleich
rechts das *Mäusetürmchen.*

Beim ehemaligen Postweg von der
einstigen Amtsstadt Sachsenheim
zur Oberamtsstadt Markgröningen
liegt das **Türmle** (Mäuseturm =
von Maut), das wahrscheinlich
einen Schutzposten – vielleicht im
Zusammenhang mit der Burg Alt-
Sachsenheim – beherbergte.

Am Ortsrand nach den Überlandleitungen behalten wir unsere Richtung bei und wandern mit unseren
Zeichen immer weiter. Ab und zu
haben wir einen prächtigen Blick
nach links ins Enztal, zu den gegen-

über liegenden Höhen und zum
Hohenasperg. Wir gehen, bis wir
mit dem Wanderzeichen rotes Kreuz
nach rechts nach »Alt-Sachsenheim«
verwiesen werden. Dieser Weg führt
durch die Felder und bringt uns zum
Friedhof, wo wir auf bekanntem
Weg zurückgehen.

■ **Zeit:**
Etwa 2 Stunden.

■ **Höhenunterschied:**
Etwa 50 Meter.

■ **Empfohlene Karte:**
Freizeitkarte 520 Stuttgart,
Landesvermessungsamt Baden-
Württemberg.

■ **Einkehrmöglichkeiten:**
Sachsenheim.

■ **Wegbeschaffenheit/
Kinderwageneignung:**
Feste Wege und Naturwege.

28 Prächtige Kopfweiden

Ins Naturschutzgebiet Schlosswiesen

Das Enztal weist viele idyllische Abschnitte auf. Zu den schönsten gehört das Naturschutzgebiet Schlosswiesen bei Roßwag, wo wir auch markant gewachsene Kopfweiden finden. Der Ort selbst mit seinen alten Fachwerkhäusern verlockt überdies zu einem Bummel.

In den **Schlosswiesen** zwischen Roßwag und Mühlhausen an der Enz findet man mächtige alte Weiden. Sie wurden teilweise zur Markierung von Grundstücksgrenzen gepflanzt. Manche sind als mächtige Weidenbüsche ausgebildet, andere werden als Kopfweiden regelmäßig geschnitten. Früher gab es hier ein ausgeklügeltes Bewässerungssystem mit Gräben, Fallen und Schiebern, da Wässerwiesen durch einen zusätzlichen Schnitt höhere Erträge bringen. Hier findet man eine Feuchtigkeit liebende Flora und Fauna.

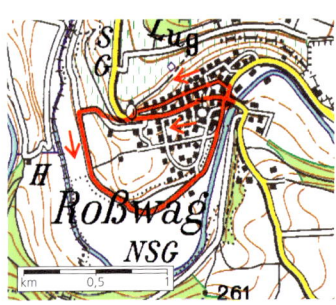

■ **Ausgangspunkt:**
Vaihingen-Roßwag.

■ **Wegverlauf:**
Wir parken bei den *Sportplätzen* an der Enz. Dann können wir entweder mit der blaugelben Raute dem Lugweg folgen, der kurz darauf nach links zieht und uns nach einer Strecke durch das Wohngebiet zur Landstraße bringt. Etwas nach links versetzt geht es im Weg Weinring weiter. Eine andere Möglichkeit ist es, durch den Ort zu spazieren und uns die alten Häuser anzusehen. Hier ist allerdings der Autoverkehr stärker. Wir nehmen hierzu ab den Sportplätzen die Hauptstraße in Richtung »Illingen«. Kurz nach dem Ortsende biegen wir ebenfalls nach links in den Weinring ab. Wir gehen am *Vereinsheim* der Kleintierzüchter vorbei, danach bergab bis zu einem querenden Weg. Auf ihm spazieren wir im Enztal zurück zum *Ausgangspunkt*.

Das 779 erstmals erwähnte **Roßwag** (214 m) liegt idyllisch am Ufer der Enz. Früher gehörte es den einflussreichen Herren von Roßwag. Diese führten eine Rose im Wappen, was der Sage widerspricht, nach der der Name von einem Ritter kommen soll, der auf der Flucht vor seinen Verfolgern mit dem Ruf »Ross, wag's« über einen Felsen über die Enz gesprungen sei. Eine andere Version ist, dass mit »wag« ehemals eine tiefe Stelle im Fluss bezeichnet wurde, an der man Pferde zur Schwemme führte.

Nachdem die Ortsherren ausgestorben waren, kamen der Ort und die Burgen Alt- und Neuroßwag an die Herren von Stein. 1394 erwarb das Kloster Maulbronn von diesen die beiden Burgen und den halben Ort mit den wichtigsten Rechten. 1504 kam Roßwag an Württemberg. Die spätgotische evangelische Pfarrkirche Sankt Martin, eine ehemalige Wehrkirche, wurde 1899 innen von Heinrich Dolmetsch erneuert. Das Pfarrhaus ist ein dreigeschossiger Putzbau mit Eckquaderung und großen Rundbogenfenstern (16. Jh.). Im Ort, vor allem in der Rathausstraße, erblickt man schöne Fachwerkhäuser, zum Teil mit sehenswertem Schmuckfachwerk aus dem 17. Jahrhundert.

Im Enztal findet man prächtige, alte Kopfweiden.

■ **Zeit:**
Etwa 1 Stunde.

■ **Höhenunterschied:**
Etwa 50 Meter.

■ **Empfohlene Karte:**
Freizeitkarte 520 Stuttgart, Landesvermessungsamt Baden-Württemberg.

■ **Einkehrmöglichkeiten:**
Roßwag.

■ **Wegbeschaffenheit/ Kinderwageneignung:**
Feste Wege.

29 Durch das Strohgäu

Spaziergang ab Enzweihingen

Wir spazieren ab Enzweihingen, wo wir ein paar sehenswerte Häuser finden, durch die landwirtschaftlich genutzte Landschaft des Strohgäus. Retour geht es durch das Strudelbachtal.

■ **Ausgangspunkt:**
Vaihingen-Enzweihingen.

■ **Wegverlauf:**
Wir halten uns ab der *Kirche* nach Süden in Richtung »Waldhof«. Zunächst fällt der Weg, erst nach dem Strudelbach steigt er wieder an. An der Verzweigung gleich nach dem Ort haben wir zwei Möglichkeiten. Etwas kürzer ist es, wenn wir

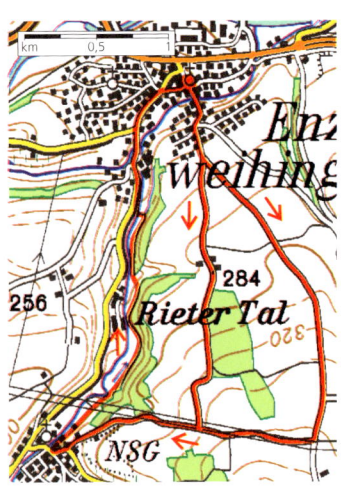

uns rechts halten. Wir durchqueren bald einen Hof, danach geht es am Wald entlang und mit einem Rechts-Links-Knick zu einem querenden Weg, dem wir nach rechts hinab nach *Riet* folgen.

Zur längeren Tour halten wir uns an der Verzweigung links und gehen, bis Überlandleitungen queren. Hier biegen wir nach rechts ab und marschieren ebenfalls hinab nach Riet. Kurz vor der vorfahrtsberechtigten Durchgangsstraße biegen wir nach rechts ab auf den Fußgänger-/Radweg (Radwegschild nach »Enzweihingen«), der uns durch das idyllische Tal nach *Enzweihingen* bringt. Wir treffen auf die Straße, der wir bis zur Pfarrgasse folgen. Sie bringt uns nach rechts zurück zur *Kirche*. Nun können wir uns die historischen Gebäude des Ortes ansehen.

Enzweihingen (213 m) besitzt eine alte Weinbautradition und liegt auf einer Flussterrasse zwischen Enz und Strudelbach. 1152 wurde der Ort erstmals erwähnt, als in einer

Urkunde des Bistums Speyer ein »Heinricus von Wihingen« als Zeuge auftrat. Der Ort lag früher an der bedeutenden Reichsstraße, die von Speyer über Bruchsal und Vaihingen bis nach Cannstatt führte. Deshalb wurde auch bereits um 1519 eine Poststation eingerichtet. Einst war Enzweihingen ein wohlhabender Ort, was man noch an den zahlreichen mit Schmuckfachwerk ausgestatteten Häusern erkennt. Die mächtige evangelische Pfarrkirche Sankt Martin, ehemals wohl eine dreischiffige Hallenkirche, ist eine spätgotische Westturmanlage (14. Jh.). Sie wurde erst 1764 wieder aufgebaut. An der südlichen Außenwand findet man bemerkenswerte Renaissance-Epitaphe.

Das Alte Rathaus stammt von 1693 und wurde im 19. Jahrhundert mit der ehemaligen Schule und der früheren Kelter unter einem gemeinsamen großen Krüppelwalmdach vereinigt. Sehenswert ist auch das ehemalige Haus des Bürgermeisters Buol (1581), Pfarrgasse 10, das älteste Gebäude des Ortes. Die Inschrift mit der Jahreszahl befindet sich über der reich verzierten Eingangstür. Im Norden des alten Ortskerns sieht man Reste der ehemaligen Ummauerung. Eines der mächtigsten Fachwerkhäuser ist das Große oder Heydt'sche Haus (1622), Pfarrgasse 1. Man sieht reiches Schmuckfachwerk mit vielen Zierformen. Hier befand sich bis 1812 die Posthalterei und das Thurn und Taxis'sche Postlagerhaus. Die

Fachwerkhaus und Kirchturm im Zentrum Enzweihingens

Mühle, Am Strudelbach 8, ist ein barockes Fachwerkhaus (1764).

- **Zeit:**
  Etwa 2 Stunden.

- **Höhenunterschied:**
  Etwa 80 Meter.

- **Empfohlene Karte:**
  Freizeitkarte 520 Stuttgart, Landesvermessungsamt Baden-Württemberg.

- **Einkehrmöglichkeiten:**
  Enzweihingen.

- **Wegbeschaffenheit/ Kinderwageneignung:**
  Asphalt- und Schotterwege.

89

Gäu und Glemswald

30 Über aussichtsreiche Felder in den Wald

Von Tamm in den Rotenackerwald

Der Rotenackerwald bei Tamm zählt zu den wenigen größeren Waldstücken im Landkreis Ludwigsburg. Von Tamm aus unternehmen wir einen gemütlichen Spaziergang dorthin.

■ **Ausgangspunkt:**
Tamm.

■ **Wegverlauf:**
Wir starten in Tamm beim *Alten Rathaus* in der Hauptstraße. Hier finden wir ein nettes Ensemble von Fachwerkhäusern mit der mächtigen Kirche im Hintergrund. Wir folgen der Hauptstraße nach Westen, überqueren die Markgröninger Straße und gehen dahinter in der Unterriexinger Straße weiter. An der Verzweigung gleich darauf halten wir uns links (Radwegschild »Rotenackerwald«). Nach einem Wegstück über die Felder kommen wir an den Waldrand. Es geht nach rechts, dann nach links zu einem querenden Weg, der mit dem roten Punkt markiert ist. Er bringt uns nach rechts zu einer Kreuzung mit dem mit dem blauen Punkt markierten Weg. Auf ihm gehen wir zurück nach *Tamm*. Am *Friedhof* halten wir uns rechts, überqueren an seinem Ende die Markgröninger Straße und spazieren auf den mächtigen Kirchturm zu.

Tamm (259 m) wurde 1287 erstmals als Damme erwähnt. Von Ende des 13. bis Mitte des 14. Jahrhunderts ist Ortsadel bezeugt. Das Dorf war schon früh mit Mauern und Gräben gesichert. 1351 verkaufte es die Gräfin Katharina von Veringen an Württemberg. Der mächtige Chorturm der ehemaligen Wehrkirche Sankt Bartholomäus geht noch auf das 13. Jahrhundert zurück, das heutige Gebäude wurde 1456 von Konrad Heinzelmann erbaut. Das Langhaus ist 1910 von den Architekten Schmohl und Stähelin nach Westen und Norden erweitert worden. Innen sieht man schöne Schlusssteine, geschnitzte Stützen und an den Emporen Bilder, die

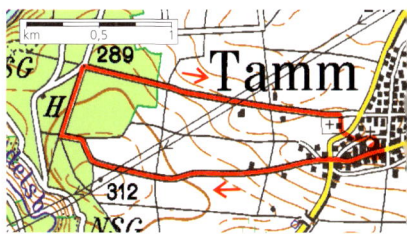

Fachwerkhäuser in Tamm

wie der Taufstein aus der Zeit des Wiederaufbaus 1664/74 stammen. Das mächtige Pfarrhaus wurde 1770 erbaut und besitzt eine schöne Tür. Neben der Kirche erblickt man das Gemeindebackhaus von 1834 und die mächtige Kelter, die 1611 nach Plänen von Heinrich Schickhardt erbaut wurde. Unterhalb findet man

das 1686 errichtete Alte Rathaus, daneben einige sehenswerte Fachwerkhäuser.

■ **Zeit:**
Etwa 1 Stunde.

■ **Höhenunterschied:**
Unwesentlich.

■ **Empfohlene Karte:**
Freizeitkarte 520 Stuttgart, Landesvermessungsamt Baden-Württemberg.

■ **Einkehrmöglichkeiten:**
Tamm.

■ **Wegbeschaffenheit/ Kinderwageneignung:**
Asphalt- und Schotterwege.

31 Eine keltische Fundstätte

Zum Krieger von Hirschlanden

Diese Tour durch das fruchtbare Strohgäu bringt uns zu einem keltischen Grabhügel, wo in der Art eines Freilichtmuseums nicht nur der wieder aufgeschüttete Hügel, sondern auch eine Nachbildung des bekannten Kriegers von Hirschlanden zu sehen ist.

■ **Ausgangspunkt:**
Ditzingen-Hirschlanden.

■ **Wegverlauf:**
Wir parken am *Parkplatz*

»*Keltenkrieger*« an der Straße von Höfingen nach Hirschlanden. Hier werden wir nach Westen verwiesen (»Hirschlander Krieger, Sonnenhof«). Wir spazieren gemächlich aufwärts und kommen nach dem *Bauernhof* zu einem als Naturdenkmal geschützten Gehölz, danach zu dem keltischen *Grabhügel*.

Neben dem Grabhügel steht eine Nachbildung des Kriegers von Hirschlanden.

Der **Grabhügel** wurde 1962 freigelegt. Er besaß vor der Grabung einen Durchmesser von etwa 32 Metern und war 1,20 Meter hoch. Infolge der landwirtschaftlichen Nutzung war er schon stark abgepflügt. Etwas weiter östlich lag ein weiterer, 1966 allerdings schon vollständig zerstörter Hügel. Insgesamt gab es hier 16 Grabhügel. Ein Steinkranz umgab den Hügel, um ihn gegen Erdabfluss zu sichern. Der Hügel war einst kreisrund und wies einen Durchmesser von 19 Metern auf. Die Hügel stammen aus der späten Hallstattzeit beziehungsweise frühen La-Tène-Zeit (600–450 v. Chr.) Bereits am ersten Tag der Grabung fand man eine Grabstele, den »Krieger von Hirschlanden«, dessen Figur heute neben dem Grabhügel steht. Sie war in zwei Teile zerbrochen. Es handelt sich um eine unbekleidete männliche Figur aus Stubensandstein. Die Füße fehlen, allerdings sind noch die muskulösen Waden zu sehen. Auf dem Kopf trägt die Figur einen konischen Hut oder Helm und um den Hals einen Reif. Das Gesicht ist vielleicht verschoben, möglicherweise ist es aber auch eine Maske, die das eigentliche Gesicht versteckt. Um den Leib trägt die Figur einen Gürtel, in dem ein Dolch steckt. Diese Grabstele war einst etwa 1,70 Meter groß, damals also lebensgroß; heute misst sie 1,50 Meter. Sie gehört zu den ersten lebensgroßen und lebensechten menschlichen Darstellungen jener Zeit, die man in Mitteleuropa gefunden hat. Die hier begrabenen Toten hatten alle Grabbeilagen, die Männer Lanzen, Eisenmesser, Kahnfibeln, die Frauen Haar- und Ohrschmuck, Ketten, Gürtel und Ringe, die Kinder Halsringe oder kleine Ringe.

Wir spazieren weiter bis zu einem Querweg vor einer als Naturdenkmal geschützten Hecke. Hier halten wir uns links und wandern, bis nach links ein fester Weg abgeht. Er bringt uns zu einem Hof, danach nach rechts

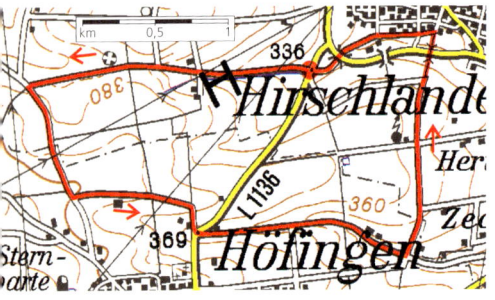

der Brühlstraße geradeaus weiter, unterqueren eine Landstraße und kommen zurück zum Ausgangspunkt.

■ **Zeit:**
Etwa 2 Stunden.

■ **Höhenunterschied:**
Etwa 80 Meter.

hinab zur Landstraße. Wir gehen, bis der mit dem roten Punkt markierte Weg kreuzt, auf dem wir nach links wandern und nach einer querenden Landstraße an den Ortsrand von Hirschlanden kommen. Hier halten wir uns links, kommen bald an einer Fachwerkscheuer vorbei, gehen auf

■ **Empfohlene Karte:**
Freizeitkarte 520 Stuttgart, Landesvermessungsamt Baden-Württemberg.

■ **Wegbeschaffenheit/ Kinderwageneignung:**
Schotter- und Asphaltwege.

32 Durch Wald, Wiesen und Felder

Spaziergang bei Gebersheim

Wir spazieren oberhalb von Gebersheim durch schönen Wald und über Felder, von denen aus sich die Aussicht genießen lässt. In Gebersheim selbst können wir anschließend das interessante Bauernhofmuseum besichtigen und im Ortszentrum auch so manches alte Bauernhaus bewundern.

■ **Ausgangspunkt:**
Leonberg-Gebersheim.

■ **Wegverlauf:**
Wer bereits unten in *Gebersheim* starten will, muss für den Hin-

und Rückweg zu den Sportanlagen knapp eineinhalb Kilometer und rund 50 Höhenmeter dazurechnen. Man nimmt dazu ab dem Brunnen in der Ortsmitte die steil ansteigende Dobelstraße. Auf ihr fährt man auch hinauf und parkt vor den Sportanlagen.

Dann wandert man mit der gelbblauen Raute des Schwarzwaldvereins weiter. Nach dem *Spielplatz* hält man sich rechts am Waldrand. Wo der Wald kurz darauf nach rechts zurückweicht, biegen wir nach rechts ab. Am Waldrand, auf den wir bald stoßen, halten wir uns an den linken der in den Wald hineinführenden Wege, auf dem wir bis zur Landstraße gehen. Wir orientieren uns rechts, biegen aber gleich darauf mit dem Zeichen blauer Strich nach rechts ab. Nun geht es weiter durch den Wald. Wer eine kürzere Tour unternehmen will, biegt mit dem querenden Blaupunktweg nach rechts ab und trifft bald auf den breiten Waldweg, auf dem der Rückweg verläuft; hier hält man sich rechts. Ansonsten gehen wir weiter, verlassen bald den Wald und spazieren bis zu einem *Hof*.

Wir biegen gleich nach dem Hof nach rechts ab, kommen nach den Streuobstwiesen in den Wald und queren den Blaupunktweg, auf welchem diejenigen Wanderer hergekommen sind, die abgekürzt haben. Uns geradeaus haltend verlassen wir bald den Wald und spazieren über Wiesen zurück zum *Sportgelände*.

Fachwerkhaus in Gebersheim

Gebersheim (412 m) geht auf die Merowingerzeit zurück, worauf man anhand von Reihengräberfunden schließt. Es gehörte erst den Pfalzgrafen von Tübingen – auch die Klöster Hirsau und Reichenbach waren hier begütert – und kam Anfang des 14. Jahrhunderts an Württemberg. Ortsherren waren zum Beispiel die Herren von Nippenburg und Gaisburg. Man sollte das mächtige Pfarrhaus, das Rathaus aus dem 16./17. Jahrhundert und die Anlage des Bauernhausmuseums, Telefon (0 71 52) 90 51 04, beachten.

■ **Höhenunterschied:**
Etwa 80 Meter.

■ **Empfohlene Karte:**
Freizeitkarte 520 Stuttgart, Landesvermessungsamt Baden-Württemberg.

■ **Einkehrmöglichkeit:**
Sportplatz.

■ **Zeit:**
Etwa 1½ Stunden.

■ **Wegbeschaffenheit/ Kinderwageneignung:**
Schotterwege.

33 Aussicht vom Eltinger Kopf

Start im Dichterdorf Warmbronn

Warmbronn ist vor allem durch seinen Bauerndichter Christian Wagner berühmt, dem ein Museum gewidmet ist. Aber auch sonst hat der Ort einige interessante Häuser aufzuweisen. Sie sind alle durch Tafeln erklärt. Von hier aus machen wir einen Spaziergang in den Glemswald. Wer will, erweitert die Runde noch durch eine Besteigung des Eltinger Kopfs mit seiner weiten Aussicht.

■ **Ausgangspunkt:**
Leonberg-Warmbronn.

■ **Wegverlauf:**
Wir starten bei der *Kirche*. Sie im Rücken halten wir uns links und spazieren in der Hauptstraße zur querenden Christian-Wagner-Straße, in welcher rechts das dem Dichter gewidmete Museum steht. Ihm gegenüber sehen wir ein prächtiges Fachwerkhaus. Ansonsten biegen wir an der Kreuzung nach links ab und gehen in der Büsnauer

Straße weiter, bis nach einer Links- eine Rechtskurve folgt. Hier zweigen wir nach links in die Steigwaldstraße ab. Kurz darauf nehmen wir die rechts abgehende Schulstraße, die uns zum Waldrand bringt. Wir halten uns hier links und kommen zum *See.*

Wir gehen rechts an dem Gewässer vorbei zu einem *Parkplatz.* An des-

Blick auf das Örtchen Warmbronn

sen Ende orientieren wir uns links zu einer Lichtung, wo sich auch ein *Grill- und Spielplatz* befindet. Wir biegen nach rechts ab und kommen in den Wald. Leicht ansteigend erreichen wir einen Querweg, der mit dem blauen Kreuz markiert ist. Wir halten uns links und an der nächsten Kreuzung noch einmal. Bald sind wir an einem *Fachwerkanwesen.* Hinter ihm orientieren wir uns mit dem Wanderzeichen blaues Kreuz links und marschieren, bis der mit dem blauen Punkt markierte Weg kreuzt.

Nun müssen wir uns entscheiden. Unser Weg geht nach links weiter. Schön wäre es jedoch, wenn wir einen Abstecher zum 533 Meter hohen *Eltinger Kopf* machen würden. Er bietet uns eine herrliche Rundumsicht vom Nordschwarzwald über das Strohgäu bis hin zur Alb. Die Tour verlängert sich hierdurch um knapp zweieinhalb Kilometer und etwa 30 Höhenmeter. Anschließend kehren wir wieder zum Blaupunktweg zurück und biegen nach rechts ab. Es geht steil hinab

und nach dem Wald an Kleingärten entlang bis zu einem Asphaltsträßchen. Nun biegen wir nach links ab und spazieren zurück nach *Warmbronn,* wo uns der Kirchturm schon den Weg weist.

In **Warmbronn** findet man noch einige alte Häuser. Sehenswert ist auch die klassizistische Kirche mit dem benachbarten Fachwerkpfarrhaus. Außerdem stammt von hier der Bauerndichter Christian Wagner (1835–1918), laut Theodor Heuss ein »Sinnierer und reiner, tiefer Dichter«. Auch Hermann Hesse hat ihn sehr geschätzt, 1913 einige seiner Gedichte herausgegeben und mit einer Einleitung versehen. Der stählerne Brunnenbaum vor der Kirche stammt von dem berühmten Architekten und Leonberger Ehrenbürger Frei Otto, der ihn Wagner gewidmet hat.

Museum:

Christian-Wagner-Haus, Christian-Wagner-Straße 3, Telefon (0 71 52) 94 90 94.

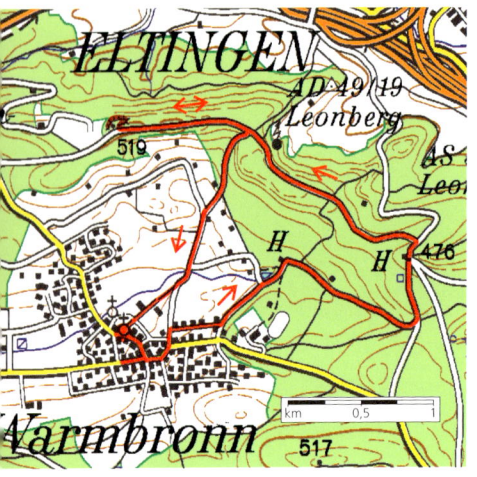

■ **Höhenunterschied:**
Etwa 90 Meter (ohne Eltinger Kopf).

■ **Empfohlene Karte:**
Freizeitkarte 520 Stuttgart, Landesvermessungsamt Baden-Württemberg.

■ **Einkehrmöglichkeit:**
Warmbronn.

■ **Spielplatz/Grillmöglichkeit:**
Nach dem See und kurz vor Warmbronn.

■ **Zeit:**
Etwa 2 ½ Stunden (ohne Eltinger Kopf).

■ **Wegbeschaffenheit/ Kinderwageneignung:**
Schotterwege.

34 Zweifache Idylle

Hölzersee und Rankbachtal

Dieser Spaziergang beginnt am Hölzersee, der nahe des vom Rankbach durchflossenen Tals im Glemswald liegt. Er ist ein idyllisches Gewässer, in dem zwar das Angeln, aber nicht das Baden erlaubt ist. Dieser Spaziergang führt uns vom See aus in das vom Rankbach durchflossene Hölzertal, das ihm an Romantik in nichts nachsteht. Nicht nur für Kinder interessant ist der Modellflugplatz.

■ **Ausgangspunkt:**
Hölzersee, östlich von Magstadt.

■ **Wegverlauf:**
Der **Hölzersee** wurde 1680 als Eissee erstmals urkundlich erwähnt

und diente lange als Badesee. Heute ist hier das Baden verboten. Das romantische Gewässer ist von Birken, alten knorrigen Bäumen und einem Schilfgürtel umgeben.

Wir gehen vom *Parkplatz* aus zum *Hölzersee* und nach links an ihm entlang, bis wir auf den

Im Frühling: Blick ins Rankbachtal

mit dem blauen Hufeisen markierten Wanderweg (Ewigkeitsallee) stoßen. Nun biegen wir nach links ab und kommen bald zu einer Kreuzung. Wer nur einen kurzen Spaziergang machen will, hält sich hier links und geht zur Landstraße. Hinter ihr spaziert man auf dem etwas nach rechts versetzten Weg weiter zum Waldrand und dort nach links zum *Parkplatz*.

Ansonsten biegen wir an der Kreuzung nach rechts ab, kommen an der Pflanzschulhütte vorbei und danach zu einer Kreuzung, wo wir uns links in das Leimbachsträßle halten. Es bringt uns zur Landstraße, hinter der wir zum gegenüberliegenden Waldrand gehen. Rechts sehen wir einen Modellflugplatz, an dem man bei Betrieb gut die kleinen Flieger beobachten kann. Wir halten uns links und spazieren bis zu einer Kreuzung, wo wir links einige Gartenhäuschen sehen. Rechts an diesem eingefriedeten Grundstück entlang kommen wir zurück zum *Ausgangspunkt*.

■ **Zeit:**
Etwa 1½ Stunden.

■ **Höhenunterschied:**
Etwa 60 Meter.

■ **Empfohlene Karte:**
Freizeitkarte 520 Stuttgart, Landesvermessungsamt Baden-Württemberg.

■ **Einkehrmöglichkeit:**
Hölzersee, wenn geöffnet.

■ **Wegbeschaffenheit/ Kinderwageneignung:**
Schotterwege.

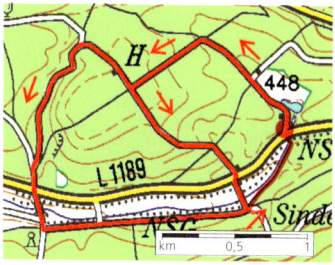

35 Eines der schönsten Naturschutzgebiete

Über den Venusberg

Der Venusberg bei Aidlingen ist eines der schönsten Naturschutz-gebiete des Kreises Böblingen. Man bekommt bei diesem Spazier-gang einiges von der gesamten Heckengäulandschaft mit, die den kleinen Berg umgibt. Außerdem können wir einen Abstecher zu einem historisch interessanten Feldunterstandshäuschen machen.

■ **Ausgangspunkt:**
Aidlingen-Lehenweiler.

■ **Wegverlauf:**
Wir parken am *Ortsanfang* und sehen rechts bereits eine schöne Wacholderheide, zu der wir eben-falls gehen können. Ansonsten bie-gen wir nach links in den Kirchweg ein. Kurz nach dem Ort geht es nach rechts ab in Richtung »Venusberg«. Der Schotterweg windet sich hinauf

und durchquert das bekannte *Na-turschutzgebiet*.

Die reizvolle Landschaft am **Venus-berg** (537 m) ist mit 115 Hektar das größte Naturschutzgebiet im Landkreis Böblingen. Die markan-ten Wacholderbüsche, die einzeln stehenden Kiefern und die alten ver-buschten Steinriegel verleihen ihm fast das Gepräge eines Labyrinths. Der Berg besteht im Allgemeinen

Der karge Venusberg ist von fruchtbarer Ackerlandschaft umgeben.

aus stark zerklüftetem und verkarstetem Muschelkalk. Deshalb wurden die Kuppen und Hänge vor allem als Schafweiden genutzt. Die Hecken entstanden aus den Wällen, die im Laufe der Jahrhunderte aus Lesesteinen aufgehäuft wurden.

Dahinter kommen wir in ein Wäldchen, das wir immer geradeaus gehend durchqueren. Mitten in ihm geht es auf einem Naturweg weiter, am Schluss bergab bis zu einem asphaltierten Weg mit einem gusseisernen *Wegweiser*. Wir orientieren uns links. Wer will, kann aber einen Abstecher machen. Hierzu halten wir uns rechts und gehen gleich darauf nach links zu dem kleinen Schutzhäuschen.

Das **Harthäusle** war der Unterstand des Deufringer Feldschützen bei Schlechtwetter, aber auch die auf den Feldern arbeitenden Bauern haben hier Schutz gesucht. Hier befand sich früher noch der Hartwald. Er wurde erstmals teilweise 1773, vollständig dann im Jahr 1822 nach den Hungerjahren 1817/18 abgeholzt. Das Land wurde in 260 Teile geteilt und an die Bevölkerung verlost.

Nun gehen wir zurück zum Wegweiser und geradeaus an ihm vorbei. Bald verzweigen sich vor einem mit einer Hecke umgrenzten Grundstück die Wege. Wir biegen nach links ab und spazieren durch das *Obere Kirchtal* bis zu einem querenden

Sträßchen. Hier halten wir uns mit der gelben Raute des Schwarzwaldvereins links und spazieren zurück nach *Lehenweiler*.

■ **Zeit:**
Etwa 1½–2 Stunden.

■ **Höhenunterschied:**
Etwa 70 Meter.

■ **Empfohlene Karte:**
Freizeitkarte 520 Stuttgart, Landesvermessungsamt Baden-Württemberg.

■ **Einkehrmöglichkeit:**
Vereinsheim der Kleintierzüchter im Kirchtal.

■ **Wegbeschaffenheit/ Kinderwageneignung:**
Sträßchen und Schotterwege, über den Venusberg ein Stück Naturweg.

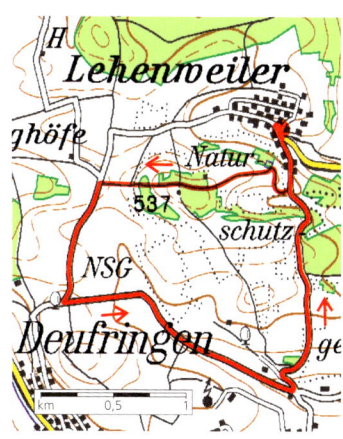

36 Vorbei an einer Heide

Von Weil der Stadt nach Schafhausen

Dieser Spaziergang führt uns vom Städtchen Weil der Stadt, das sich anschließend für eine Besichtigung anbietet, durchs Würmtal nach Schafhausen. Unterwegs kommen wir an einer malerischen Wacholderheide vorbei, die sich kurz vor Schafhausen links oberhalb des Weges befindet. Retour geht es dann auf der anderen Seite des Flüsschens. Sehenswert in dem Örtchen Schafhausen sind die Kirche, das Fachwerkhaus auf der anderen Seite der Durchgangsstraße und die Bronzeskulptur davor.

■ **Ausgangspunkt:**
Weil der Stadt.

■ **Wegverlauf:**
Am südöstlichen Ende der Altstadt liegt der *Friedhof,* bei dem wir auch parken können. Nun spazieren wir vorbei an der Friedhofskapelle nach Süden, wobei wir immer wieder einen schönen Blick ins Würmtal genießen können. Nach etwa einer halben Stunde könnten wir nach rechts abbiegen, die Würm überqueren und auf ihrer anderen Seite zurück nach Weil der Stadt spazieren.

Wir gehen aber weiter bis *Schafhausen.* Kurz vor dem Ort liegt links oben eine schöne Wacholderheide, zu der wir einen Abstecher machen können. Im Ort halten wir uns nach der *Kirche* und dem *Fachwerkpfarrhaus* rechts. Wir überqueren die

Würm und die Landstraße, gehen noch kurz geradeaus weiter und biegen dann nach rechts in die Althengstetter Straße ein. Gleich darauf zweigen wir nach rechts von der

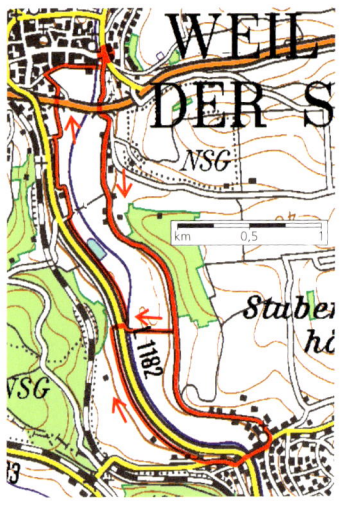

Landstraße ab. Nun geht es parallel zur nach Weil der Stadt führenden Landstraße weiter, dann überqueren wir sie und halten uns nach ihr links. Rechts der Straße marschieren wir nun zurück nach *Weil der Stadt,* wo wir entweder außerhalb der Stadtmauer nach rechts zum Ausgangspunkt gehen oder dem historischen Zentrum (s. Seite 104) einen Besuch abstatten können.

■ **Zeit:**
Etwa 2 Stunden (ohne Stadtbesichtigung).

■ **Höhenunterschied:**
Unwesentlich.

■ **Empfohlene Karte:**
Freizeitkarte 502 Pforzheim, Landesvermessungsamt Baden-Württemberg.

■ **Einkehrmöglichkeiten:**
Weil der Stadt.

■ **Wegbeschaffenheit/ Kinderwageneignung:**
Asphaltwege.

37 Vögel beobachten

Von Weil der Stadt ins Merklinger Ried

Wir spazieren bei dieser Tour durch das interessante Merklinger Ried, wo wir auch Vögel beobachten können: Wer will, macht anschließend noch einen Bummel durch das historische ehemalige Reichsstädtchen mit dem schönen Stadtbild. Hier lässt es sich auch gut einkehren oder ein Eis essen.

■ **Ausgangspunkt:**
Weil der Stadt.

■ **Wegverlauf:**
Die *S-Bahn-Station* verlassen wir auf der stadtabgewandten Seite in Richtung »Industriegebiet«. Wir halten uns dann rechts, danach links in die Daimlerstraße. An der nächsten Querstraße geht es etwas nach rechts versetzt in derselben Richtung weiter, aus dem Ort hinaus und in das sehenswerte Naturschutzgebiet *Merklinger Ried* hinein.

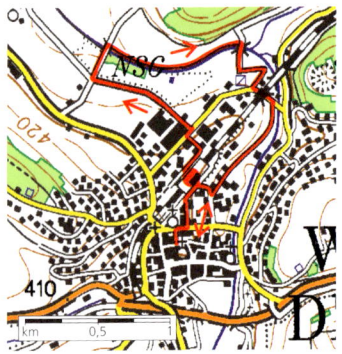

Die Talauen der Würm weisen im **Naturschutzgebiet Merklinger Ried** große Schilfflächen und Tümpel auf. Das Ried ist auch ein Paradies für Vögel, darunter viele seltene Arten. Besonderen ökologischen Wert hat es als ihr Brut-, Nahrungs-, Rast- und Mauserbiotop. Seit 1982 stehen fast zwanzig Hektar unter Naturschutz. In der Mitte des Rieds liegt ein vier Hektar großer See. Für Naturfreunde, die Geduld mitbringen und sich still verhalten können, wurde eine Aussichtskanzel gebaut.

Nach der *Vogelbeobachtungskanzel* müssen wir uns entscheiden. Wer nach Merklingen möchte, um die interessante Kirchenburg anzusehen, geht noch geradeaus weiter und anschließend wieder hierher zurück. Ansonsten biegt man bei nächster Gelegenheit nach rechts ab, nach der *Würm* noch einmal.

Nun spazieren wir praktisch wieder zurück bis zu einer Brücke. Hier orientieren wir uns rechts, kurz danach links. Nach der *Eisenbahn-*

brücke geht es geradeaus weiter – im Prinzip orientieren wir uns an den Radwegschildern. Es geht vorbei an rechts liegenden Kleingärten, dann an den Sportplätzen, die sich links von uns befinden, bis zu den ersten Häusern von *Weil der Stadt*. An ihnen spazieren wir links vorbei bis zum nach rechts abgehenden Schießrainweg. Er bringt uns zurück zum *Bahnhof*.

Wer jedoch noch ins Weil der Städter Zentrum möchte, geht geradeaus weiter auf die Kirche zu. Nach der Umgehungsstraße kommen wir zur *Stadtmauer,* danach ins *Zentrum*. Wir spazieren bis zur Stuttgarter Straße, halten uns rechts und erreichen den Marktplatz. Nach dem Rathaus biegen wir nach rechts in die Scheergasse ein. An der Unteren Klostergasse halten wir uns rechts, dann gleich links in die Poststraße. Nach der querenden Durchgangsstraße spazieren wir rechts an der Neugotischen Kirche entlang bis zur nächsten Querstraße. Nun geht es nach rechts zum Bahnhof.

Am Marktplatz von **Weil der Stadt** stehen das Keplerdenkmal, der Untere Marktbrunnen mit dem von einem Löwen gehaltenen Adlerschild, der auf den Status einer Reichsstadt hinweist, der Obere Marktbrunnen mit dem Standbild Kaiser Karls V., das Rathaus und andere sehenswerte Gebäude. Oberhalb erblicken wir die katholische Stadtkirche Sankt Peter und Paul. Am östlichen Ende der Stutt-

Blick ins Naturschutzgebiet Merklinger Ried

garter Straße sieht man ebenfalls ein schönes mittelalterliches Ensemble. Hier findet man das lang gestreckte Spital mit der 1364 geweihten und 1747 umgebauten Spitalkapelle. Die Kapelle besitzt ein schönes Fresko (14. Jh.), einen berühmten spätgotischen Schnitzaltar (um 1480) und zwei Barockaltäre. Nahebei liegt das Narrenmuseum. Das ehemalige Spitaltor wurde 1454 erwähnt. Der Seilerturm (15. Jh.) diente einst als Gefängnis. Er ist wie alle Türme Weil der Stadts ein auf der Stadtinnenseite offener Schalenturm. Außer ihm sind noch weitere Türme und Reste der Ummauerung zu sehen.

Museen:

Keplermuseum, Keplergasse 2, Telefon (0 70 33) 65 86; *Stadtmuseum*, Marktplatz 12, Telefon (0 70 33) 22 38; *Narrenmuseum*, Stuttgarter Straße 60, Telefon (0 70 33) 3 60 01.

■ **Zeit:**
Etwa eine ¾–1 Stunde (ohne Weil der Stadt).

■ **Höhenunterschied:**
Unwesentlich.

■ **Empfohlene Karte:**
Freizeitkarte 520 Stuttgart, Landesvermessungsamt Baden-Württemberg.

■ **Einkehrmöglichkeiten:**
Weil der Stadt.

■ **Wegbeschaffenheit/ Kinderwageneignung:**
Man geht auf asphaltierten Sträßchen.

Am Rande
des Schwarzwalds

38 Schwarzwaldtour zur Ruine

Ruine Liebeneck

Höhepunkt dieses Spaziergangs ist natürlich die Ruine Liebeneck, mit der man auch Kinder zu einem Ausflug locken kann. Dann geht es auf einem gemütlichen Forstweg weiter, hinab ins Würmtal und dort am Flüsschen entlang zurück.

■ **Ausgangspunkt:**
Würmtal.

■ **Wegverlauf:**
Wir parken am Parkplatz bei der *Arkbrücke,* die östlich von Pforzheim-Würm im Würmtal liegt. Dann spazieren wir erst entlang des Flusses nach Süden bis zum nächsten Parkplatz. Hier überqueren wir die Straße und wandern mit dem Zeichen schwarzrote Raute den Waldweg nach links empor. Bald zweigt unser Wanderweg als Pfad nach rechts ab und bringt uns hoch zu der *Ruine,* die wir bald hinter den Bäumen erspähen können.

Die heutige **Ruine Liebeneck** (415 m) wurde 1263 erstmals urkundlich erwähnt, als Burg und Dorf Würm von den Herren von Weissenstein (Wizzenstein) auf Kräheneck an Markgraf Rudolf I. von Baden übertragen wurden. 1441 kam sie als Lehen von Markgraf Jakob I. von Baden an Georg und Eberhard von Urbach (Auerbach), 1458 an den Pforzheimer Schultheiß Paul Leu-

trum von Ertingen, in dessen Familie sie 370 Jahre verblieb. 1692 wurde sie von französischen Truppen zerstört. Dabei verbrannte auch das Pforzheimer Stadtarchiv, das man hierher in vermeintliche Sicherheit gebracht hatte. 1770 wurde die Burg wieder aufgebaut. Burgherrin war unter anderen auch die spätere

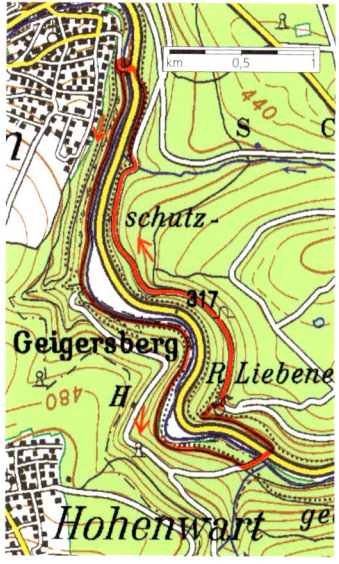

Die Ruine Liebeneck ist ein beliebtes Ausflugsziel.

Ringmauer entstand später. Es gibt aber auch Vermutungen, nach denen der Sachverhalt genau umgekehrt ist.

Nach der Besichtigung halten wir uns hinter der Ruine links in Richtung »Würm«. Meist spazieren wir nun abwärts. Nach kurzer Zeit sehen wir eine für den Nordschwarzwald typische »Blockwildnis«. Wir ignorieren, dass die gelbe Raute bald nach rechts abzweigt, und spazieren mit der schwarzroten Raute hinab ins *Würmtal* zur *Arkbrücke*.

■ **Zeit:**
Etwa 2 Stunden.

Franziska von Hohenheim, die Gattin des Reinhard Leutrum. 1828 kam die Burg an den badischen Staat, der die Wohngebäude abbrechen ließ, um »Gesindel« keinen Unterschlupf zu gewähren. Kernburg und Bergfried entstammen zwei Bauperioden, wobei der quadratische und rund dreißig Meter hohe Bergfried und das nordöstliche Stück der Zwingermauer aus dem 12. Jahrhundert stammen. Die siebeneckige

■ **Höhenunterschied:**
Etwa 80 Meter.

■ **Empfohlene Karte:**
Freizeitkarte 502 Pforzheim, Landesvermessungsamt Baden-Württemberg.

■ **Wegbeschaffenheit/ Kinderwageneignung:**
Schotterwege; kurz vor der Ruine kommt man auf einen Pfad.

39 Wildgehege und Schwarzwaldbach

Von Hirsau ins Schweinbachtal

Der Schweinbach ist so, wie man sich einen Schwarzwaldbach vorstellt: Er gluckert und blubbert über tiefgrün bemoste Steine, bildet kleine Wasserfälle und weist eine Idylle auf, die ihresgleichen sucht. Zeitweise führt ein schmaler Pfad entlang des Baches, und es gibt jede Menge Spielmöglichkeiten für Kinder. Da man teilweise direkt ans Wasser herankommt und sich nasse Füße holen kann, werden Kinder von dem Weg begeistert sein. Weil die Rückkehr auf demselben Weg erfolgt, kann man die Länge des Spaziergangs nach Belieben gestalten.

■ **Ausgangspunkt:**
Calw-Hirsau.

■ **Wegverlauf:**
Wir starten am teilweise gebührenpflichtigen *Parkplatz* bei der Klosterruine, wo wir der Beschilderung zum »Wildgehege« folgen. Wenn wir auf dem Weg weitergehen, treffen wir auf ein Sträßchen, das uns nach rechts zu einem Gewerbeanwesen bringt. Nach ihm führt uns der mit der blauen Raute markierte Weg ins *Schweinbachtal*.

Bald erreichen wir den *Neuen Brunnen*. Anschließend können wir über eine Brücke nach rechts gehen und auf einem Pfad weiterwandern, etwas später zieht der Weg aber wieder nach links hoch zum breiten Forstweg.

Danach erreichen wir eine Steinbrücke, von wo aus nach rechts ein breiter Weg zu den Häusern geht, die man gesehen hat. Links vom Weg steht hier eine hölzerne Schutzhütte. Der bequemere Weg führt links des Baches weiter. Wer möchte und abenteuerlustige Kinder dabei hat, kann auch rechts des Baches auf dem Pfad weitergehen. Später führt er über eine Holzbrücke nach links über den Bach und mündet in den anderen Weg ein. Wir kommen über verschiedene Brücken, mal links, mal rechts des Baches, und sehen einige Wasserfälle.

Spätestens dort, wo die rechts verlaufende Straße eine Haarnadelkurve beschreibt, kehren wir um und gehen denselben Weg wieder zurück. Nun bietet sich die Klosterruine Hirsau zu einem Besuch

Der Schweinbach ist ein typischer Schwarzwaldbach.

an. Sie wird auch Kindern gefallen, denn Ruinen locken sie ja immer. Das Museum bietet überdies interessante Exponate.

Das **Kloster Hirsau** war eines der wichtigsten geistlichen Zentren im deutschsprachigen Raum. Um 830 überführte man aus Mailand Reliquien des heiligen Aurelius. Es entstand ein Benediktinerkloster, das aber bereits um 1000 wieder verlassen und verfallen war. Angeblich regte Papst Leo IX. 1049 die Wiederbelebung des Klosters an. Sein Neffe Graf Adalbert II. von Calw besetzte es daraufhin mit Benediktinern, und ab 1059 erbaute man eine Pfeilerbasilika. Nachdem der Regensburger Prior Wilhelm 1069 zum Abt ernannt worden war, nahm das Kloster eine stürmische Entwicklung. Er war ein begeisterter Anhänger der Reformen des burgundischen Klosters Cluny. Nach Wilhelms Tod umfasste die Gemeinschaft 150 Mönche und das Kloster wurde zu klein. Deshalb wurde ab etwa 1081 ein neues Kloster erbaut, das größte Kloster Deutschlands. Die mächtige Basilika war einer der größten kirchlichen Bauten Deutschlands und bis zur Fertigstellung des Ulmer Münsters sogar die größte Kirche Württembergs.

Ab der Mitte des 13. Jahrhunderts erlebte Hirsau eine Zeit des Verfalls, im 15. und 16. Jahrhundert gab es aber eine erneute Blüte. 1556 wurde eine evangelische Klosterschule eingerichtet. Nachdem Ende des 16. Jahrhunderts das Kloster endgültig aufgehoben worden war, ließen die Herzöge von Württemberg an der Stelle des Abtshauses ein Renaissanceschloss erbauen. Das 1592 vollendete Schloss wurde unter Herzog Ludwig vom Hofarchitekten Georg Beer und Heinrich Schickhardt errichtet. Es war ein beliebter Aufenthaltsort für die Württemberger Herrscher, die hier auch während Seuchenzeiten Zuflucht suchten.

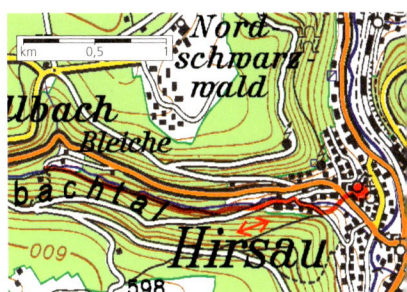

Im Pfälzischen Erbfolgekrieg wurde die Anlage 1692 von den Truppen des französischen Generals Mélac zerstört. Von den beiden romanischen Türmen ist der 37 Meter hohe Eulenturm übrig geblieben. Er ist mit einem fein gearbeiteten Relief mit Tieren, einem Wagenrad und drei bärtigen Laienbrüdern verziert. Der Turm war ein Teil der ab 1082 erbauten dreischiffigen Basilika Sankt Peter und Paul. Teilweise erhalten ist auch noch der gotische Kreuzgang, an dem einst namhafte Künstler mitarbeiteten. Die gotische Marienkapelle wurde als letzter größerer Bau des Klosters 1508 bis 1516 geschaffen und ist heute evangelische Kirche. Erhalten sind noch die ehemalige Wohnung des Klostervogts über dem unteren Tor, Mühle, Küferei, Pfisterei (Bäckerei), Mesnerhaus und der ehemalige Klostereingang, ein Fachwerkgebäude. Die Aureliuskirche am Ostufer der Nagold wurde beim Bau des Schlosses als Steinbruch verwendet, später diente sie als Schafstall und Scheune.

Museen:
Aureliuskirche und Klostermuseum, Calwer Straße 6, Telefon (0 70 51) 5 90 15.

■ **Zeit:**
Etwa 1½–2 Stunden.

■ **Höhenunterschied:**
Unwesentlich.

■ **Empfohlene Karte:**
Freizeitkarte 502 Pforzheim, Landesvermessungsamt Baden-Württemberg.

■ **Einkehrmöglichkeiten:**
Hirsau.

■ **Wegbeschaffenheit/ Kinderwageneignung:**
Anfangs Schotterweg, zwischendurch ein Pfad.

40 Zu den Schwarzkitteln

Waldspaziergang zum Wildgehege

Dieser Spaziergang wird insbesondere im Frühjahr Kinder erfreuen, wenn die Wildschweine Frischlinge haben. Die kleinen drolligen Schwarzkittel toben ganz schön durch die Gegend.

■ **Ausgangspunkt:**
Calw-Wimberg.

■ **Wegverlauf:**
Im Nagoldtal fahren wir über Calw nach *Wimberg*. Dort folgen wir dem Schild nach links (angezeigt: »Stadion, TÜV, Wanderparkplatz«) und kommen auf dem Sträßchen nach nicht ganz zwei Kilometern zum *Parkplatz*.

Nun bieten sich uns verschiedene Möglichkeiten. Die erste: Wir folgen dem Sträßchen, das uns zu einem Parkplatz bringt, und biegen hier nach links mit der rotschwarzen Raute in Richtung »Calw« ab, halten uns an einer Verzweigung mit dem

Zeichen links und erreichen bald den Anfang des Wildgeheges. Hier ginge es nach links zum Wölflesbrunnen, angeblich soll schon Ludwig Uhland diese stillen Waldwege geliebt haben. Nach dem Wildgehege sind wir in wenigen Minuten zurück am Ausgangspunkt. Dabei ignorieren wir, dass der markierte Wanderweg nach rechts abzweigt. Bei dieser Variante geht man ständig auf asphaltierten oder geschotterten Wegen.

Die zweite Möglichkeit: Wer dem Sträßchen nicht solange folgen will, biegt am ersten Weg nach links in den Weg Obere Linie und etwas später nach rechts in den Sonnenhangweg ein. Nun geht es auf einem Naturweg weiter. An der nächsten Verzweigung halten wir uns an den mittleren der beiden Wege und erreichen bald die Landstraße. Etwas weiter links kommen wir zum oben erwähnten Parkplatz; es geht nun wie beschrieben nach links weiter.

Wer die dritte Möglichkeit wählt und nur einen ganz kurzen Spazier-

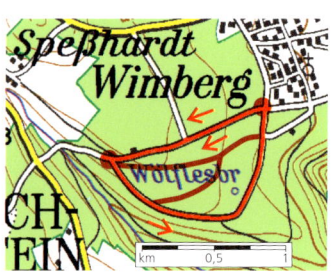

Zu einem Spaziergang gehört auch eine Rast.

gang unternehmen will, wandert vom *Parkplatz* aus in den Wald hinein und trifft nach fünf Minuten auf den mit schwarzroter Raute bezeichneten Wanderweg. Dem Zeichen nach rechts nachgehend, erreichen wir das *Wildgehege*. An seinem Anfang biegen wir nach rechts ab, nach dem Zaun links und spazieren am Gehege entlang, bis wir kurz nach dem Zaun auf einen Schotterweg treffen. Auf diesem Weg gehen wir nach links zurück zum Ausgangspunkt.

Alternativ kann man auch von dem erwähnten *Parkplatz* aus starten. Er liegt zwischen Wimberg und Zavelstein, etwas nördlich des Rötelbachtals. Dann geht man mit der schwarzroten Raute des Ostwegs in Richtung »Calw« in den Wald hinein und wie oben beschrieben zum *Wildgehege*. Wer nur eine kurze Tour unternehmen will, hält sich nach dem Zaun wie beschrieben zweimal links und kommt zurück zu dem Weg, auf dem er von rechts vom Parkplatz aus gekommen ist. Etwas länger dauert die Runde, wenn man bis zum Ortsanfang von Wimberg geht und sich hier auf dem Sträßchen links hält. Die beiden Varianten zum Parkplatz sind oben beschrieben.

■ **Zeit:**
Etwa eine ¾–1 Stunde.

■ **Höhenunterschied:**
Unwesentlich.

■ **Empfohlene Karte:**
Freizeitkarte 502 Pforzheim, Landesvermessungsamt Baden-Württemberg.

■ **Wegbeschaffenheit/ Kinderwageneignung:**
Je nach Variante Sträßchen und Schotterwege, eventuell ein Stück Naturweg.

41 Ruine und Krokuswiesen

Nach Zavelstein, einst kleinste Stadt Württembergs

Dieser Spaziergang bei der ehemals kleinsten Stadt Württembergs bietet für Jung und Alt, für Naturliebhaber und historisch Interessierte etwas. Während die einen – insbesondere Kinder – sich an der Burgruine erfreuen, genießen andere im zeitigen Frühling, etwa ab Mitte März, die Blüte von Abertausenden von Krokussen. Früher fuhren sogar Sonderzüge dorthin, damit die Besucher die bunte Blütenpracht bewundern konnten.

■ **Ausgangspunkt:**
Bad Teinach-Zavelstein.

■ **Wegverlauf:**
Wir nehmen von der Durchgangsstraße die nach Norden abgehende Schulstraße, die mit dem Zeichen des Ostwegs (schwarzrote Raute) markiert ist. Nach einem *Sühnekreuz,* das daran erinnert, dass sich hier einmal zwei Brüder erschlagen haben, geht es im Spinnerin-Kreuz-Weg weiter. Nach dem Ort sehen wir rechts das *Spinnerin-Kreuz.* Hier soll 1447 eine Spinnerin im Schneesturm erfroren sein. Links liegen die Krokuswiesen, auf denen im Frühjahr die berühmten Krokusse wachsen.

Die 1825 erstmals erwähnten **Krokusse** kommen vor allem nördlich

des Ortes vor. Pro Quadratmeter findet man mehr als zwanzig Pflanzen, stellenweise aber auch bis zu hundert! Wie sie hierher kamen, weiß man nicht genau. Vielleicht hat der Burgherr Benjamin Buwinghausen von Wallmerode diese eigentlich aus den südlichen Alpen stammende Pflanze Anfang des 17. Jahrhunderts von einer seiner vielen diplomatischen Reisen in die Mittelmeerländer mitgebracht. Sie ist dann möglicherweise aus dem Zavelsteiner Burggarten »entflohen« und in den Wiesen ausgewildert. Andere sagen jedoch, dass sie von den Mönchen des Klosters Hirsau angepflanzt worden ist, die aus ihr Safran gewinnen wollten.

Am Waldrand müssen wir uns entscheiden. Entweder gehen wir

gleich nach links zum *Wanderheim* des Schwarzwaldvereins, oder wir spazieren rechts der Lichtung weiter bis zu einer großen Wiese. Hier biegen wir nach links ab, allerdings auch erst am Ende der Wiese, und kommen zu einem Sträßchen, das uns nach links wieder zum Waldrand bringt. Hier können wir entweder geradeaus zurück ins Ortszentrum marschieren oder uns auch rechts halten und erst am nächsten Weg oder am Waldrand nach links abbiegen.

Zavelstein, früher die kleinste Stadt Württembergs und zeitweise sogar Deutschlands, bestand einst nur aus einer Straße mit 14 Häusern. Die Stadt wurde der Sage nach von Graf Eberhard II. (dem Greiner) 1367 zum Dank dafür, dass er und sein Sohn Ulrich nach dem Überfall »im Wildbad« hier Zuflucht fanden, zur Stadt erhoben. Es gehörte erst den Grafen von Calw und kam Anfang des 14. Jahrhunderts an Württemberg. Die Fachwerkhäuser wurden im 19. Jahrhundert nach einem Stadtbrand wieder aufgebaut. Der Rathausbrunnen stammt von 1620. In der Kirche findet man schöne Epitaphien der Herren von Buwinghausen-Wallmerode aus dem 17. Jahrhundert. Auf dem Marktplatz fand ganz früher ein Flachsmarkt und bis in die Jahre nach dem Ersten Weltkrieg ein Ochsenmarkt statt.

Die um 1200 errichtete **Burg Zavelstein,** die heutige Ruine (558 m), war erst eine Vogtsburg

Blick vom Bergfried der Ruine Zavelstein über den Ort

der Grafen von Calw und kam über verschiedene Herren an die Pfalzgrafen von Tübingen und 1345 an Württemberg. 1612 erhielt sie der Geheime und Kriegsrat des Herzogs Johann Friedrich, Benjamin Buwinghausen von Wallmerode erst als Lehen, 1620 erwarb er sie dann durch einen »Gnadenkauf«. Er ließ die Burg von dem herzoglichen Baumeister Heinrich Schickhardt zu einem Renaissanceschloss umbauen. Im Dreißigjährigen Krieg und im Französisch-Pfälzischen Erbfolgekrieg hatten Stadt und Burg schwer zu leiden: Beispielsweise plünderten die Kaiserlichen, die eigentlich zum Schutz der Stadt hier waren, 1634 über 300 Hektoliter Wein. Der berüchtigte französische Feldherr Mélac verbrannte 1692 Stadt und

■ Zeit:
Etwa 1 Stunde.

■ Höhenunterschied:
Etwa 50 Meter.

■ Empfohlene Karte:
Freizeitkarte 502 Pforzheim, Landesvermessungsamt Baden-Württemberg.

Burg. Die Bewohner mussten sogar noch selbst Reisig in ihre Häuser und in die Burg tragen, um diese völlig einzuäschern.

■ Einkehrmöglichkeiten:
Wanderheim des Schwarzwaldvereins; Zavelstein.

Museum:
Heimatmuseum, Altes Schul- und Rathaus, Telefon (0 70 53) 84 44.

■ Wegbeschaffenheit/ Kinderwageneignung:
Asphaltierte und Schotterwege.

42 Kuratmosphäre genießen

Durch den Kurpark von Bad Teinach

Bad Teinach bietet sich mit seinem Bad zu einem Badeaufenthalt an. Es lohnt sich aber auch ein Spaziergang durch die gepflegten Kuranlagen, den man nach Belieben erweitern kann. Wer zur entsprechenden Zeit hier ist, kann sogar das Kurkonzert genießen.

■ Ausgangspunkt:
Bad Teinach.

■ Wegverlauf:
Eine gute Parkmöglichkeit gibt

es beispielsweise am *Parkplatz Minigolfplatz* am östlichen Ortsanfang. Von hier aus kann man entweder den Promenadenweg nehmen, der hinter der Teinach verläuft und uns

Der Kurpark in Bad Teinach lädt zum Entspannen ein.

zu dem kleinen See in den Kuranlagen bringt, oder man nimmt die Untere Talstraße, auf der man zwischen den Häusern geht, bis man nach rechts zur *Kirche* abzweigen kann. Hinter ihr hält man sich links und geht durch die prächtige Allee auf das Badhotel, das Kurhaus und die Trinkhalle zu. Vor dem Hotel biegt man nach links ab und kommt zum See. Nach ihm spazieren wir mit der schwarzroten und der blauen Raute nach rechts hinauf. Nach dem rechts unten liegenden Fabrikgebäude zweigt links ein Weg ab. Wer will, kann hier natürlich noch weitergehen, beispielsweise auf die Höhe nach *Liebelsberg*. Dann kehrt man auf demselben Weg wieder zurück. Ansonsten biegen wir nach links ab. Der Weg bringt uns oberhalb des Sees zum *Minigolfplatz,* danach hinab zum *Ausgangspunkt*.

Der Badeort **Bad Teinach** mit dem Mineral-Thermalbad wurde 1345 als »Wildbad an der Deinach« erwähnt. Er gehörte gegen Ende des 13. Jahrhunderts zur Herrschaft Zavelstein. Das klassizistische Badgebäude und das Badhotel stammen von den berühmten Baumeistern Nikolaus Friedrich Thouret und Gottlob Georg Barth (1841/42). Zwischen dem Fürstenbau aus der Zeit Anfang des 18. Jahrhunderts und der Kirche steht ein Schalenbrunnen aus dem Jahr 1489; er wurde 1714 aus dem Kreuzgang des zerstörten Hirsauer Klosters hierher verbracht. Das ehemalige »Königliche Bad« war im 17. und 18. Jahrhundert sogar der Sommersitz der württembergischen Herrscher. Die evangelische Pfarrkirche ist ein schlichter Bau aus dem Frühbarock (1662–1665) mit der typischen, einfachen Einrichtung protestantischer Kirchen. In der Kirche ist eine echte Rarität zu finden: das »Turris Antonia«, eine »Kabbalistische Lehrtafel«, an der Prinzes-

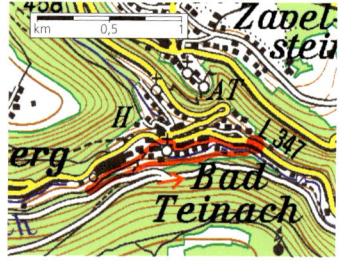

des 17. Jahrhunderts gemalt: Buch-
staben-, Zahlen-, Farben-, Tier- und
Pflanzensymboliken sind zu finden.
Die Beschriftung ist überwiegend
hebräisch.

sin Antonia (1613–1679), Tochter
des Herzogs Johann Friedrich von
Württemberg, mitgearbeitet hat.
Gemalt wurde das 1673 in der
Kirche aufgestellte Bild vom Stuttgarter Hofmaler Johann F. Gruber.
Jüdische kabbalistische Vorstellungen sind in die Universalschau des
damaligen christlichen Weltbildes
mit eingegangen. Das Kunstwerk ist
in der symbolreichen Bildersprache

■ **Zeit:**
Etwa eine ¾–1½ Stunden, je
nachdem.

■ **Empfohlene Karte:**
Wanderkarte Oberes Enztal,
Landesvermessungsamt Baden-
Württemberg.

■ **Einkehrmöglichkeiten:**
Bad Teinach.

■ **Wegbeschaffenheit/
Kinderwageneignung:**
Asphaltierte Wege.

43 **Alte Stadt
mit Bergwerk**

Sehenswertes Neubulach

**Dieser Spaziergang führt uns um Neubulach, das auf einer Hochflä-
che über dem Nagold- beziehungsweise dem Teinachtal liegt. Wir
können hierbei nicht nur schöne Landschaft und Fernblicke genießen, im Ort selbst herrliche Fachwerkhäuser, einen Turm und ein
Stadttor ansehen und das Mineralienmuseum besichtigen, sondern
im Bergwerk auch in das Innere des Schwarzwaldes gelangen.**

■ **Ausgangspunkt:**
Neubulach.

■ **Wegverlauf:**
Wir parken beim *Minigolfplatz,*

Geranien in Hülle und Fülle: Fenster in Neubulach

der etwas oberhalb des *Besucher-bergwerks* liegt, oder gleich beim Bergwerk. Dann folgen wir am Minigolfplatz dem mit der gelben Raute gekennzeichneten Weg nach »Altbulach«. Wir ignorieren, dass der markierte Weg bald nach rechts abzweigt und spazieren gerade-aus aus dem Ort hinaus. Nach den Häusern können wir den ersten Weg nach links nehmen, um schnell nach *Altbulach* zu gelangen. Wer weiter spazieren will, trifft auf einen Querweg, wo wir uns links halten. Wenn wir dann geradeaus wei-tergehen, kommen wir ebenfalls nach *Altbulach*.

Ansonsten biegen wir bei dem altertümlichen, weißblau angemal-ten Wegweiser nach rechts ab. Kurz darauf zieht der Weg nach links und bringt uns zu den ersten Häusern von Altbulach. Wir spazieren auf dem Schäferweg in den Ort hinein, biegen aber am Teich nach rechts

ab. Vor der Kirche orientieren wir uns links, überqueren die Durch-gangsstraße und verlassen nach ihr leicht ansteigend den Ort. Wir kommen an einem *Weiher* vorbei und biegen kurz nach ihm nach links ab nach Neubulach. Nach den ersten Häusern sehen wir rechts den Diebsturm. Wir spazieren weiter, bis wir rechts das Calwer Tor oder Silbertor sehen. Nun biegen wir nach links ab zur Bergvogtei und orientieren uns hier rechts. Vorbei an der Kirche kommen wir zur Um-gehungsstraße. Wir halten uns links in die Altbulacher Straße, gleich danach rechts in die Mühlsteige, die uns zurück nach *Neubulach* zum Ausgangspunkt bringt.

Seine Entwicklung und die Stadt-erhebung hat **Neubulach** (584 m) den Erzvorkommen und dem Berg-bau zu verdanken. Außerdem war Neubulach eine der bedeutendsten

Azuritlagerstätten auf der Alpen-
nordseite. Die Stadt entwickelte sich
aus einer Wehranlage von Mitte
des 12. Jahrhunderts. Sie wurde um
1220 zur Stadt erhoben. Die aus der
Romanik stammende Stadtkirche
besitzt einen gotischen Chor aus
der Zeit von 1428 bis 1438, in dem
man verschiedene Grabplatten der
insbesondere im 14./15. Jahrhundert bedeutenden Familie Grückler
findet. Das mit Maßwerk verzierte
Doppelportal wurde im 15. Jahrhundert geschaffen. Von einst zwei
Stadttoren steht noch das Calwer
Tor oder Silbertor (1220/30). Auf seiner Außenseite ist das Stadtwappen
angebracht. In seinem spitzbogigen
Durchgang sieht man ein in einem
Steinquader eingemeißeltes Penta-
gramm (Drudenfuß). Von der einstigen Stadtmauer sind noch rund
700 Meter erhalten. Der Diebsturm
ist ein Wehrturm aus dem 13. Jahrhundert. Die 1450 als Amtshaus
erwähnte Bergvogtei war Sitz des
Bergamtes. Heute ist hier das Mineralienmuseum beheimatet. Das
Haus Auer (Grückler-Schloss) erinnert an die Familie Grückler. Das
Rathaus stammt von 1604. Eine
Tiefe von 36 Metern weist der
Marktbrunnen auf.

Besucht werden kann der
Hella-Glück-Stollen. Der Berg-
bau begann um 1100. Die Blütezeit
war bis etwa 1300, ab 1500 verlor
er stärker an Bedeutung. Dies lag
vor allem daran, dass die Mächtig-
keit der Adern nachließ und man
in immer größere Tiefe vorstoßen

musste. Zudem erwuchs um diese
Zeit eine große Konkurrenz durch
billigere Gold- und Silberimporte aus
Südamerika. Der Bauernkrieg 1525
brachte den Bergbau ganz zum
Erliegen. 1920 versuchte eine Hella-
Glück-Gewerkschaft nochmals ihr
Glück – vergeblich. Nach ihr ist
heute der Stollen benannt, der auch
zur Atemwegtherapie dient. 1970
wurde der Hella-Glück-Stollen als
Besucherbergwerk hergerichtet. Anfang der 1970er-Jahre begann man
mit der Asthmatherapie.

■ **Zeit:**
Etwa 1½ Stunden.

■ **Höhenunterschied:**
Etwa 60 Meter.

■ **Empfohlene Karte:**
Freizeitkarte 502 Pforzheim,
Landesvermessungsamt Baden-
Württemberg.

■ **Einkehrmöglichkeiten:**
Neubulach.

■ **Wegbeschaffenheit/
Kinderwageneignung:**
Asphaltierte und Schotterwege.

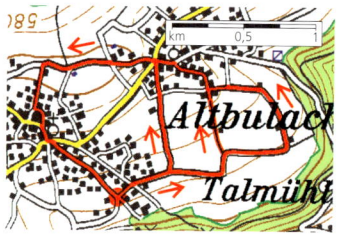

Schönbuch und
Ammertal

44 Fachwerkidylle und Naturschutzgebiet

Zur Ammerquelle

**Herrenberg hat viel zu bieten. Zum Beispiel zahlreiche Fachwerk-
häuser und einen der schönsten Marktplätze des Landes, außerdem
eine berühmte Kirche, die »Glucke im Gäu«, mit ihrem Glockenmuseum. Ein schöner Spaziergang führt uns von Herrenberg aus in das
herrliche Naturschutzgebiet an der Ammerquelle.**

■ **Ausgangspunkt:**
　Herrenberg, Bahnhof.

■ **Wegverlauf:**
　Wir nehmen die vom *Bahnhof*
abgehende Eisenbahnstraße, biegen
dann rechts in die Walther-Knoll-
Straße ein und spazieren bergab.
Wo vor Haus Nr. 20 rechts die Straße
Sommerrain abgeht, gehen wir geradeaus weiter, biegen am *Kinder-
garten* rechts und gleich darauf,
nach dem Bach, links ab in den

Falkenweg. Ihm folgen wir bis nach
den Häusern, unterqueren die *Bahnlinie* und biegen nach rund 200 Metern nach links in den mit einem
Fahrverbotsschild gekennzeichneten
Weg ein, der uns auf das Gehölz zu
führt. Hier verbergen sich die als
Naturdenkmal geschützten *Quellen*
der Ammer.

»Das Leben ist kein Jammertal – am
wenigsten im Ammertal«, so sprach
der dichtende Ochsenwirt Späth aus
Tübingen im 19. Jahrhundert. Das
Ammertal ist die südliche Begren-
zung des Schönbuchs. Der Name
kommt aus dem Keltischen und
bedeutet »Wasserlauf«. Die Ammer
entspringt bei Herrenberg aus drei
Quelltöpfen auf gut 401 Metern
ü. NN mit einer durchschnitt-
lichen Schüttung von 20 Litern
pro Sekunde, fließt durch ein Tal
mit sanften Hügeln und schroffen
Flusseinkerbungen und mündet bei
Lustnau in den Neckar, nachdem
sie noch kurz zuvor den Golders-
bach aufgenommen hat. Mit dem

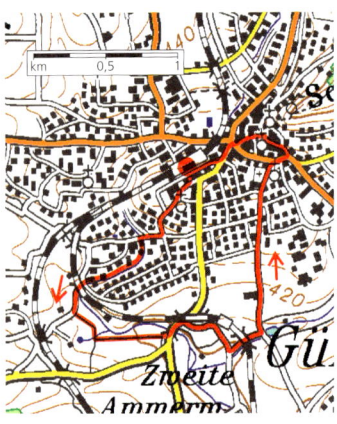

Ammerkanal, der nach Unterjesingen abzweigt, durchfließt sie das alte Tübingen.

Die Ammerquellen sind Karstquellen, das Wasser kommt aus dem verkarsteten Gebiet des Oberen Muschelkalks im Norden und Nordwesten. Zusammen mit den prächtigen alten Bäumen bieten die Quellen einen idyllischen Anblick. Die aus dem Jahr 1799 stammende »Charte von Wirtemberg« von J. G. F. Bohnenberger zeigte noch zwölf Mühlen an der Ammer, heute findet man nur noch wenige davon in Betrieb.

Wir biegen nach dem Gehölz nach links ab und spazieren am Bach entlang bis zur Landstraße, wo wir uns kurz links halten; nach dem Bach geht es rechts. Nun wandern wir an der zweiten *Ammermühle* vorbei bis zu einer Kreuzung vor einem mit einer Hecke umgebenen Grundstück, hier biegen wir nach

Die Ammerquelle, ein romantisches Stück Natur

rechts ab. Gleich danach halten wir uns links, unterqueren die Bahnlinie und kommen zu einem *Angelteich*. Wir biegen nach links ab und spazieren zurück nach *Herrenberg*. Nach dem Friedhof können wir nach links abbiegen und uns an den Wegweisern zur »S-Bahn« orientieren. Wer will, überquert die Durchgangsstraße und besichtigt die alte Fachwerkstadt.

1983 wurde die Altstadt von **Herrenberg** als Gesamtanlage unter Denkmalschutz gestellt. Das Wahrzeichen Herrenbergs ist die Stiftskirche »Unsere liebe Frau«, die »Glucke im Gäu«. Diese älteste gotische Hallenkirche Schwabens besitzt ein feines Netzgewölbe mit Gewölbeschlusssteinen (etwa 1490) mit farbig gefassten Medaillons, einen 54 Meter hohen Turm, einen kreuzrippengewölbten Chor mit reich geschnitztem Chorgestühl (1517), eine fein gemeißelte steinerne Kanzel (1503/04), einen Taufstein mit Laubwerkornamenten (1472), ein Kruzifix (15. Jh.), Tafelbilder, bemalte Renaissance-Epitaphe, Maßwerkfenster in Chor und Langhaus und die älteste Fensterrosette Schwabens (1518). Im Turm befindet sich Süddeutschlands größtes Glockenmuseum mit läutbaren Glocken ab dem 12. Jahrhundert.

Sehenswert sind auch die Reste der ehemaligen Stadtmauer in der Nähe, die sich vom Schlossberg herabziehen, der die Ruine trägt. Der 1276 erstmals erwähnte Marktplatz mit dem prächtigen Marktbrunnen, einer der schönsten Württembergs, ist von stattlichen, hochgiebeligen Fachwerkhäusern umgeben. Bei einem Bummel durch die den Marktplatz umgebenden Straßen wird man so manches sehenswerte Haus entdecken. Die ehemaligen Ackerbürgerhäuser im Stadtkern haben zum Teil große Toreinfahrten und im Giebel Aufzugshaken.

Besonders beachtenswert sind am Markplatz das Rathaus, die Khoenle-Handelshäuser (1664 bis 1712) und in der Kirchgasse das Oberamt (1655). Eines der markantesten Gebäude der Stadt ist der 1683/84 errichtete fünfgeschossige Stiftsfruchtkasten mit seinem reich ornamentierten Fachwerk. Auch das evangelische Dekanat ist ein mächtiges Gebäude; 1439 wurde es als Propstei für das weltliche Chorherrenstift erbaut. Der Bebenhäuser Klosterhof (Bronngasse 13) wurde 1484 als Pfleghof errichtet.

■ **Zeit:**
Etwa 1½ Stunden.

■ **Empfohlene Karte:**
Landkreis Tübingen, Landesvermessungsamt Baden-Württemberg.

■ **Einkehrmöglichkeiten:**
Herrenberg.

■ **Wegbeschaffenheit/ Kinderwageneignung:**
Asphaltierte Wege.

45 Genuss ohne Massenandrang

Blütentraum am Schönbuchrand

Es gibt Gegenden, die dafür bekannt sind, dass sie sich alljährlich im Frühling mit einem Schleier weiß blühender Bäume überziehen und die dadurch unzählige Besucher anlocken. Der südliche Schönbuchtrauf gehört nicht zu diesen stark frequentierten Gebieten, obwohl er es eigentlich verdient hätte! Dafür sind seine Wanderwege aber auch nicht so überlaufen. Ein echter Insidertipp also! Eine kurze und sehr genussreiche Tour bietet dieser Vorschlag. Außer dem Anblick der blühenden Landschaft fasziniert noch die Aussicht weit ins Land bis hin zur Schwäbischen Alb und zum Schwarzwald.

■ **Ausgangspunkt:**

Herrenberg-Mönchberg, Mönchberger Sattel.

■ **Wegverlauf:**

Bevor wir die Wanderung beginnen, sollten wir am *Parkplatz* den als Naturdenkmal ausgewiesenen Aufschluss von Buntem Mergel betrachten. So schön sieht man sonst selten ins Erdinnere! Dann nehmen wir den nach rechts aufwärtsführenden Weg zum *Sportplatz,* bleiben aber auf dem mit rotem Strich gekennzeichneten Weg zum »Grafenberg«. Nach kurzem Bergauf stehen wir auch schon auf dieser vorspringenden, 550 Meter hohen *Bergnase.*

Der **Grafenberg** bietet ein klassisches Beispiel für bodensaure Trocken- und Halbtrockenrasen mit

Wärme liebenden Pflanzen und Tieren. Unter Naturschutz steht er wegen seiner seltenen Steppenheideflora. Zum Beispiel gibt es hier die Ungarische Platterbse, die in Baden-Württemberg sonst nur noch am Spitzberg vorkommt und in ganz Deutschland insgesamt nur drei oder vier Vorkommen hat – ansonsten nur in Ungarn und in den Pyrenäen. Bei Grabungen fand man hier Siedlungsreste aus der frühen Eisenzeit oder Hallstattzeit (750–450 v. Chr.) sowie Pfeilspitzen und Werkzeuge aus einem Lager der mittleren Steinzeit, dem Mesolithikum (8000– 5000 v. Chr.).

Wir gehen nun am Trauf einige Meter nach links weiter, bis eine Treppe steil bergab führt (angezeigt »Fußweg nach Kayh«). Die Stufen werden bald durch ausgetretne Steinstufen abgelöst, dann spazieren wir noch kurz über Streuobstwiesen zu einem Feldweg. Hier wenden wir uns nach rechts. Über blühende Obstbaumwiesen und immer noch mit schöner Aussicht erreichen wir das bald sichtbare *Mönchberg*.

Das Schiff der alten, 1491 genannten, evangelischen Kirche in **Mönchberg** wurde 1749 abgebrochen. Über dem Klosterkeller errichtete man einen einfachen Saalbau mit Rundbogenfenstern und Walmdach aus Bruchstein und Schießscharten. Der um 1150 erbaute romanische Chorturm ist heute frei stehend in der Art eines Campanile und mit Fachwerkaufsatz (etwa 1648) versehen – er allein blieb noch von der großen Hirsauer Klosteranlage

übrig. Im Turm sieht man Reste von Malereien (1532). An der Westseite befindet sich eine halbrunde Apsis. Die Innenausstattung (Felderdecke und Kanzel aus Holz) stammt aus dem Barock. Die weiträumige Anlage umfasste früher die Fläche des heutigen Kirchhofs (Ummauerung Mitte des 18. Jh.). Sehenswert sind noch das Fachwerk-Rathaus von 1824 in Untermönchberg, das Back- und Waaghaus, zwei Brunnen aus dem 19. Jahrhundert und einige verputzte Fachwerkhäuser aus dem 17. und 18. Jahrhundert.

Danach gelangen wir vor bis zum Durchgangssträßchen, auf dem wir nach rechts aufwärts zurück zum *Parkplatz* spazieren. Nach dem Ort haben wir noch einen schönen Blick nach Herrenberg mit seiner Stifts-

Blick auf Mönchberg am Schönbuchrand

kirche. Links und rechts der Straße wächst eine Seltenheit im Schönbuch: Die Wiesen sind im Frühjahr über und über mit Blausternen (Scilla) bedeckt.

- ■ **Zeit:**
  Etwa 1 Stunde.

- ■ **Höhenunterschied:**
  Etwa 100 Meter.

- ■ **Empfohlene Karte:**
  Freizeitkarte 520 Stuttgart, Landesvermessungsamt Baden-Württemberg.

- ■ **Einkehrmöglichkeiten:**
  Vereinsgaststätte am Mönchberger Sattel, Mönchberg.

- ■ **Wegbeschaffenheit/ Kinderwageneignung:**
  Naturwege.

46 Wildgehege und Spielplatz

Zum Saurucken

Dieser Spaziergang führt uns zum vielleicht schönsten Spielplatz des Schönbuchs, was insbesondere den Nachwuchs erfreut. Jung und Alt zusammen werden außerdem ihr Vergnügen an den Wildgehegen haben, die in seiner Nachbarschaft liegen.

- ■ **Ausgangspunkt:**
  Ammerbuch-Entringen, Sportplätze.

- ■ **Wegverlauf:**
  Hoch über Entringen liegen die *Sportplätze,* zu denen man auch mit dem Hinweis »Saurucken« geführt wird. Von hier aus nehmen wir

den in den Wald hineinführenden Weg. An einer Verzweigung halten wir uns rechts und kommen zu einem großen *Spielplatz,* der von Wildgehegen mit verschiedenen Tierarten umgeben ist. Wenn man Kinder dabei hat und diese sich müde gespielt haben, wird man wohl denselben Weg zurückgehen.

Am Saurucken findet man einen der schönsten Spielplätze des Schönbuchs.

Ansonsten biegt man im Tal nach links ab und spaziert weiter, bis nach links ein Forstweg abgeht. Ihm folgt man nach oben, er mündet nach einigen Kurven in unseren Anmarschweg. Anschließend sollte man sich etwas in Entringen selbst umsehen.

Ein erster Bau der Kirche Sankt Michael in **Entringen** wurde wohl bereits im 8. Jahrhundert errichtet. Vom 1275 erstmals erwähnten romanischen Vorgängerbau der heutigen gotischen Chorseitenturmanlage von 1452 blieben nur noch wenige Mauerreste in Chor und Turm erhalten. Der mächtige Turm besitzt drei Meter dicke Mauern und Schießscharten, sein unterer Teil ist eine ehemalige Kapelle. Der Chor mit dem hohen, nördlich angesetzten Chorflankenturm entstand Ende des 14. Jahrhunderts. Sankt Michael besitzt eine ungewöhnlich reiche Ausstattung.

Das Pfarrhaus ist mit dem Gebäude Kirchgasse 9 durch ein rundbogiges Hoftor aus dem 17. Jahrhundert verbunden, ebenso mit der Zehntscheuer. Diese besitzt eine gotische Spitzbogentür (um 1400). Die genannten Gebäude bildeten früher vielleicht eine Einheit, die zum Besitz des ehemaligen Bebenhäuser Pfleghofs gehörte. Im Ort stehen noch einige Fachwerkhäuser, die aber meist verputzt sind, so zum Beispiel in der Kirchgasse (Nr. 9a war vielleicht ein Bebenhäuser Pfleghof), in der Herrenberger Straße, Tübinger Straße und in der Badgasse. Die ehemalige Kelter besitzt ein Walmdach und wurde um 1700 erbaut. Auf dem Marktplatz steht ein gusseiserner Brunnen aus Wasseralfingen (1863).

■ **Zeit:**
Etwa 1 Stunde.

■ **Höhenunterschied:**
Etwa 50 Meter.

■ **Empfohlene Karte:**
Landkreis Tübingen, Landesvermessungsamt Baden-Württemberg.

■ **Einkehrmöglichkeit:**
Sportplatz.

■ **Wegbeschaffenheit/ Kinderwageneignung:**
Geschotterte Wege.

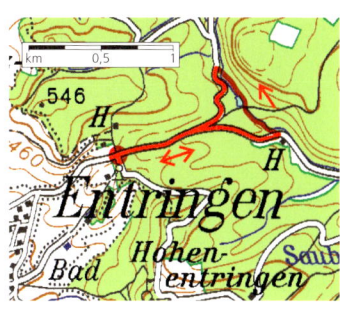

47 Vorbei am Würmursprung

In den Schönbuch zur Gabeleiche

Zuerst spazieren wir über die landwirtschaftlichen Flächen zwischen Hildrizhausen und Altdorf, wo auch die Quellen der Würm liegen. Dann geht es in den Schönbuch, wo die mächtige Gabeleiche mit ihrem geteilten Stamm beeindruckt. Kurz vor Ende des Spaziergangs kommen wir noch an einem idyllischen See vorbei.

■ **Ausgangspunkt:**
Hildrizhausen.

■ **Wegverlauf:**
Die evangelische Pfarrkirche Sankt Nikomedes in **Hildrizhausen** (487 m) ist eine der wenigen romanischen Kirchen der Gegend. Sie wurde 1275 erstmals erwähnt und besitzt einen wuchtigen hochgotischen Südturm. Im 13. bis 15. Jahrhundert war sie wahrscheinlich mit einem

kleinen Chorherrenstift verbunden. Der Chor wurde schon als »der beste spätgotische Dorfkirchenraum im Schönbuch« bezeichnet. Der Ort besitzt außerdem einen reizvollen historischen Kern mit zahlreichen, zum Teil unter Denkmalschutz stehenden Fachwerkhäusern aus dem 16. bis 19. Jahrhundert.

Wir orientieren uns am westlichen Ortsende von *Hildrizhausen* an der

Die Gabeleiche ist ein mächtiger, über 380 Jahre alter Baum.

keit mit Abdrücken von Eselstritten haben. Der Volkssage nach soll hier Jesus auf einem Esel geritten sein. Um die Stelle genau zu bezeichnen, hat 1840 der Bebenhausener Oberförster Vogelmann eine Sandsteinplatte mit einer eingemeißelten Eselsfährte setzen lassen. Hier befindet sich die **Gabeleiche.** Diese über 380 Jahre alte Traubeneiche besitzt einen Stammumfang von ungefähr 4,50 Metern, ist rund 27 Meter hoch und hat einen Kronenumfang von etwa 21 Metern. In zirka vier Metern Höhe gabelt sich der Stamm in zwei Teile. In unmittelbarer Nähe führte einst die Via rheni, die alte Rheinstraße, vorbei.

Beschilderung »Friedhof/Waldhaus« und parken auf dem *Waldparkplatz*. Dann spazieren wir etwas zurück und biegen nach dem *Friedhof* nach rechts ab. Am nächsten Querweg halten wir uns links, dann gleich wieder rechts. Nun folgt kurzzeitig ein unbefestigtes Wegstück, dann geht es asphaltiert weiter bis zu einem querenden Sträßchen. Wir halten uns rechts – links sehen wir eine *Quelle* – und marschieren bis zu den *Altdorfer Sportplätzen* und weiter in den Wald bis zu einem Querweg, wo es nicht mehr weitergeht. Uns rechts haltend kommen wir zur *Gabeleiche*.

Der Wegname **Eselstritt,** dem wir hier begegnen, kommt daher, dass die natürlichen Bodenvertiefungen im Sandstein eine gewisse Ähnlich-

Wir nehmen an der Verzweigung den linken, etwas bergab führenden Weg. Etwas später gehen nach links zwei Wege ab, wir spazieren aber geradeaus weiter. Danach mündet von links ein Weg ein. Wo anschließend ein Weg nach rechts abzweigt, gehen wir geradeaus weiter bis zur Kreuzung mit dem Blaupunktweg. Wenn wir hier kurz nach links, dann nach rechts gehen, kommen wir zum idyllischen *Kohlweiher,* der mit vielen Bänken zur Rast einlädt. Ansonsten halten wir uns an der Kreuzung rechts und kommen zurück zum *Ausgangspunkt.*

- ■ **Zeit:**
  Etwa 2 Stunden.

- ■ **Höhenunterschied:**
  Unwesentlich.

■ **Empfohlene Karte:**
Landkreis Tübingen,
Landesvermessungsamt
Baden-Württemberg.

■ **Einkehr-
möglichkeit:**
Sportplatz Altdorf.

■ **Wegbeschaffen-
heit/Kinderwagen-
eignung:**
Asphalt- und Schotter-
wege, ein kurzes Stück
unbefestigter Weg.

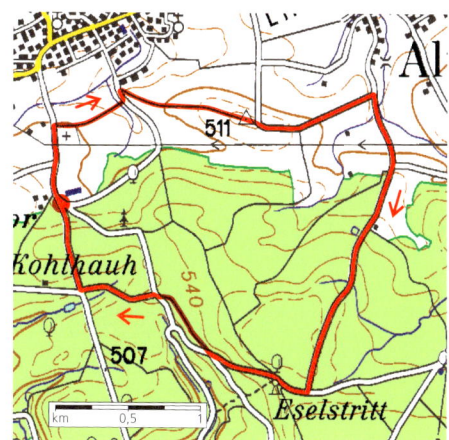

48 Ein idyllischer See

Zum Kohlweiher

**Dieser kurze Spaziergang führt vom kleinen Stellenhäusle bei Hil-
drizhausen zum ebenso idyllischen Kohlweiher, der mit seinen
Bänken zu einer ausgedehnten Rast lockt. Im Sommer können wir
uns an den Seerosen erfreuen.**

■ **Ausgangspunkt:**
Stellenhäusle bei Hildrizhausen.

■ **Wegverlauf:**
Das idyllische und schon etwas
im Boden versunkene *Stellenhäusle*
liegt westlich von Hildrizhausen am
Waldrand. Von hier aus folgen wir
dem Weg am Waldrand entlang
zur *Johannes-Konath-Eiche*. Kurz

nach diesem Baum zweigt der mit
dem blauen Kreuz markierte Weg
nach links ab und führt zu einem
querenden Sträßchen, wo wir nach
rechts zum Waldrand und mit dem
Wanderzeichen blaues Kreuz in den
Wald hineinwandern. An einem
querenden Weg biegen wir nach
links ab. Um zum idyllischen *Kohlweiher* zu gelangen, gehen wir aber

Am Kohlweiher lässt es sich gut rasten.

eine Löschwasser-reserve sein, Was-servögeln Nist- und Brutplätze, Fischen und Kleintieren Lebensraum und Nahrung schenken«.

Danach gehen wir an der Kreuzung wie erwähnt nach rechts weiter, an der nächsten Verzweigung halten wir uns rechts (»Stellenhäusle«). Wir kommen zur *Johannes-Konath-Eiche* und spazieren auf bekanntem Weg zurück zum *Stellenhäusle*.

noch kurz geradeaus und halten uns dann rechts.

Das 3200 Quadratmeter große, vom Vorderbach gespeiste Biotop **Kohlweiher** wurde 1975 eingerichtet. Es »soll der Waldlandschaft des Naturparks einen neuen Reiz geben, den Wanderer zu beschaulicher Rast einladen, bei Waldbränden

Die **Johannes-Konath-Eiche** ist nach dem ehemaligen Waldschütz und Waldmeister der Gemeinde Hildrizhausen benannt, ein, wie es heißt, geachteter, großer und bärenstarker Mann (1907–1970).

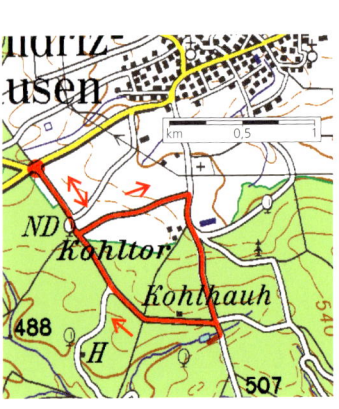

- ▪ **Zeit:**
  Etwa 1½ Stunden.

- ▪ **Höhenunterschied:**
  Unwesentlich.

- ▪ **Empfohlene Karte:**
  Landkreis Tübingen, Landesvermessungsamt Baden-Württemberg.

- ▪ **Wegbeschaffenheit/ Kinderwageneignung:**
  Asphalt- und Schotterwege.

49 Wiesen und Wald

Zum Schaichhof und in den Schönbuch

Wir spazieren erst über die landwirtschaftlich genutzten Flächen zum Schaichhof, der heute als Golfplatz genutzt wird. Danach geht es im Wald weiter und zurück zum Ausgangspunkt.

■ **Ausgangspunkt:**
Altdorf, Sportplätze.

■ **Wegverlauf:**
Wir gehen vom *Parkplatz* nach der Sportplatzgaststätte kurz zurück und biegen nach dem ersten Sportplatz rechts ab. Wo es nicht mehr weitergeht, müssen wir uns entscheiden. Wer nur eine kurze Tour unternehmen will, hält sich rechts, geht bis zu einem querenden Weg im Wald und biegt hier noch einmal nach rechts ab. Nun geht es wie unten beschrieben weiter. Ansonsten biegen wir nach links, dann gleich wieder nach rechts ab und spazieren auf das *Golfplatzgelände* zu.

Der **Schaichhof** hatte besondere »Gerechtigkeiten«. Als Gegenleistung musste er bei herrschaftlichen Jagden als Stützpunkt und »Hundelege« dienen. Das Gutshaus stammt von 1771.

Zusammen mit den Wirtschaftsgebäuden aus dem 19. Jahrhundert bildet es eine ausgedehnte Vierflügelanlage. Das 110 Hektar große, 1824 von der königlichen Hofdomänenkammer (jetzige Württembergische Hofkammer) erworbene Gut ist heute ein Golfplatz.

Bei den Holzgebäuden am *Schaichhof* orientieren wir uns rechts, an der nächsten Verzweigung noch einmal (Richtung »Altdorf«). Bald kommen wir in den Wald, wo wir erst an einer lang gestreckten Lichtung entlangspazieren. Danach mündet der oben beschriebene Abkürzungsweg

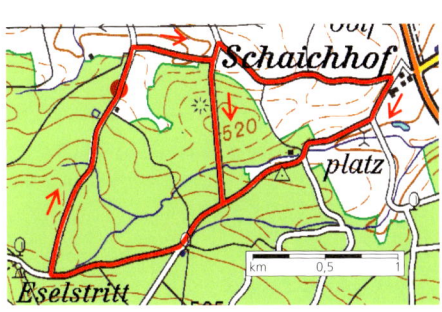

Diese Weggabelung wird von einer Baumgruppe bewacht.

ein. Vor dem *Wildgatter* des Naturparks orientieren wir uns rechts und spazieren auf dem Eselstrittweg an ihm entlang, bis der mit dem blauen Strich markierte Wanderweg nach »Altdorf« nach rechts zeigt. Er

bringt uns zurück zum *Ausgangspunkt*.

■ **Zeit:**
Etwa 2 Stunden, Abkürzung etwa 1½ Stunden.

■ **Höhenunterschied:**
Etwa 70 Meter.

■ **Empfohlene Karte:**
Landkreis Tübingen, Landesvermessungsamt Baden-Württemberg.

■ **Einkehrmöglichkeit:**
Sportplatz, Schaichhof.

■ **Wegbeschaffenheit/
Kinderwageneignung:**
Schotterwege.

50 Schwarzwaldlandschaft im Schönbuch

Einsiedelei und Birkensee auf dem Bromberg

Der Bromberg ist nicht nur deshalb interessant, weil er die höchste Erhebung des Schönbuchs darstellt und seine Vegetation eine gewisse Ähnlichkeit mit der des Schwarzwalds aufweist: Er birgt auch naturkundlich und kulturhistorisch Interessantes.

■ **Ausgangspunkt:**
Wanderparkplatz Schaichhof nahe Weil im Schönbuch.

■ **Wegverlauf:**
Wir folgen dem Forstweg, der vorbei am *Spielplatz* direkt nach

Süden führt. An der nächsten Verzweigung halten wir uns links (Richtung Kapellenberg/ Teufelsbrücke) und kommen zu einer kleinen *Lichtung* mit Spielwiese sowie Grill- und Vespermöglichkeit. Kurz davor auf der linken Seite steht die Schnapseiche. Wir spazieren auf dem »Steinigen Weg« weiter, zum Teil durch Wirtschaftswald und Kahlschläge.

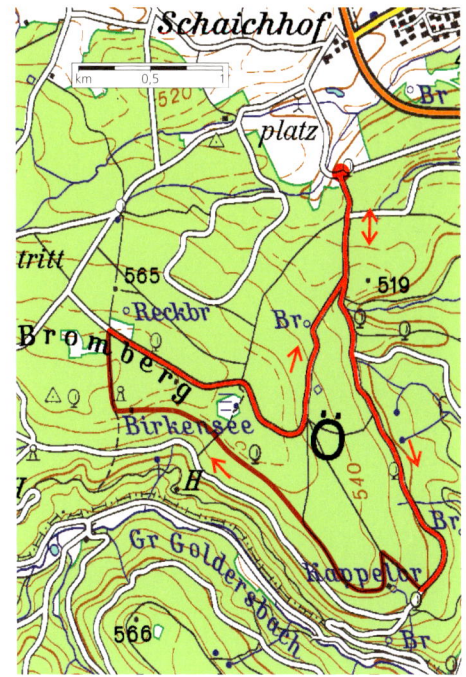

Nach nicht ganz einer Stunde weist ein Schild nach rechts in Richtung »Kapelle«. Es steigt leicht an, dann biegen wir am nächsten Querweg nach links ab. Etwas später sehen wir links unten die Reste der *Einsiedelei* – die Ruinen von Wohnhaus und Kapelle.

Bei der **Einsiedelei** hat man Mauerreste aus dem 13./14. Jahrhundert und Reste einer Kapelle freigelegt. Die Mauerreste blieben vom Wohnraum eines Einsiedlers übrig, der vermutlich zum Kloster Bebenhausen gehörte. Von einem der Klausner wird erzählt, dass er immer um Mitternacht die kleine Glocke der Kapelle geläutet hat. Dann ging er zur Wegkreuzung ins Goldersbachtal, um dort den Teufel zu beschwören. Deshalb wurde

diese Stelle Teufelsbrücke genannt. Bei der Klause entspringt auch eine Quelle, die den Einsiedler mit Wasser versorgte.

Danach marschieren wir weiter auf dem Schneibenweg. Bald weisen Birken auf den nahen *Birkensee* hin, zu dem man nach einer Weile nach rechts gelangen kann.

Kurze Zeit später steht etwas rechts an einem abzweigenden Weg der *Entringer Stein,* ein alter Stundenstein. Spätestens hier biegen wir nach rechts ab und halten uns am nächsten Forstweg wieder rechts. Bald liegt rechts der idyl-

Die Einsiedelei mit ihrer Quelle liegt versteckt im Wald.

lische *Birkensee*. Ansonsten folgen wir dem bald nach links ziehenden Weg, der uns gemütlich zurück zum Ausgangspunkt bringt.

Auf der Brombergebene, dem höchsten Punkt des Schönbuchs (583 m), entstand Anfang des 19. Jahrhunderts auf der Sohle eines aufgelassenen Rhätsandsteinbruchs der **Birkensee,** ein mittlerweile fast verlandeter Hochmoor-See. Er sowie die sumpfige Umgebung kamen zustande, als wegen der Kalkarmut der darunter liegenden Gesteinsschicht diese durch natürliche Verkittung wasserundurchlässig wurde. Der Bereich um den Birkensee gehört zu den pflanzenkundlich interessantesten Gebieten des Schönbuchs. Die Flora hat Schwarzwaldcharakter. Zu finden sind Roter Fingerhut, Besenginster,

Adlerfarn, Sonnentau, das Breit- und das Schmalblättrige Wollgras, die Heide- und die Prachtnelke, Bärlapp und Heidelbeeren.

■ **Zeit:**
Etwa 2 ½ Stunden.

■ **Höhenunterschied:**
Unwesentlich.

■ **Empfohlene Karte:**
Freizeitkarte 520 Stuttgart, Landesvermessungsamt Baden-Württemberg.

■ **Grill- und Spielplatz:**
Am Parkplatz und bei der Schnapseiche.

■ **Wegbeschaffenheit/ Kinderwageneignung:**
Schotterwege und Pfade.

51 Umstrittene Namensherkunft

Zur Schnapseiche

Eine gemütliche, kurze Runde führt uns durch die Waldungen des Schönbuchs zur so genannten Schnapseiche. Am Ausgangs- und Endpunkt der Tour wartet ein beliebter Grillplatz auf uns, an dem allerdings an schönen Tagen oft viel los ist.

■ **Ausgangspunkt:**
Parkplatz südlich vom Schaich-hof, der westlich von Weil im Schön-buch liegt; erreichbar vor der B 464 auf dem Franzensträßchen.

■ **Wegverlauf:**
Wir nehmen den am *Parkplatz* abgehenden Steinigen Weg, durch-queren bald das Wildgatter des Naturparks und spazieren gerade-aus weiter bis zu der Lichtung bei der *Schnapseiche*. Hier stehen auch mächtige Kastanienbäume und in der Mitte ein Mammutbaum, außer-dem Tische und Bänke zum Rasten.

Für den Namen **Schnapseiche** gibt es zwei Deutungen. Nach der einen brachten die Bauern der Umge-bung ihr Korn hierher, wo es von Brennern aus dem Albvorland und der Tübinger Gegend gegen Schnaps eingetauscht wurde. Einer anderen Version zufolge erhielten hier die fronpflichtigen Bauern bei Treibjagden der württembergischen Herrscher einen Schnaps zum Auf-wärmen.

Die Schnapseiche steht auf einem schönen Rastplatz.

Wir biegen nach links in die Schnaps-allee ab und folgen ihr bis zu einem Querweg. Uns links haltend umrun-den wir den Bannwald, bis wir auf einen querenden Weg stoßen. Hier orientieren wir uns rechts, kommen

■ **Zeit:**
Etwa 1½ Stunden.

■ **Höhenunterschied:**
Etwa 60 Meter.

■ **Empfohlene Karte:**
Landkreis Tübingen, Landesvermessungsamt Baden-Württemberg.

■ **Grillmöglichkeiten:**
Am Parkplatz; Vesperbänke an der Schnapseiche.

■ **Wegbeschaffenheit/ Kinderwageneignung:**
Schotterwege.

in wenigen Minuten auf den uns bereits vom Beginn her bekannten Weg und biegen nach rechts ab. Nach dem Wildgatter sind wir bald wieder zurück am *Ausgangspunkt*.

52 Ein Kloster und ein beliebter Grillplatz

Von Bebenhausen zur Teufelsbrücke

Diese Tour führt in einen der schönsten Teile des Naturparks Schönbuch. Einen Höhepunkt erleben wir gleich zu Anfang: das alte Zisterzienserkloster Bebenhausen. Man sollte vor oder nach der Runde einen Bummel durch den komplett unter Denkmalschutz stehenden Ort machen, vielleicht auch die Klosteranlage besichtigen oder das Informationszentrum des Naturparks im Grünen Turm aufsuchen. Durch das herrliche Goldersbachtal spazieren wir zum Spiel- und Rastplatz Teufelsbrücke, wo an schönen Tagen meist viel los ist.

■ **Ausgangspunkt:**
Tübingen-Bebenhausen.

■ **Wegverlauf:**
Wir spazieren vom großen

Wanderparkplatz aus nach *Beben-hausen,* lassen den Landgasthof Hirsch rechts liegen und folgen dem Wanderzeichen roter Strich stets geradeaus. Immer neben dem Bach wandern wir zum *Geschlossenen Brunnen* (Grillplatz, Schutzhütte, Spielplatz), wo wir nach rechts in Richtung »Herrenberg« abbiegen. An der Verzweigung an der *Tellerbrücke* bleiben wir rechts und kommen zur *Teufelsbrücke,* wo es sich schön rasten und grillen lässt. Im Frühjahr kündet schon von weitem lautes Gequake an, dass der kleine See von zahlreichen Fröschen bewohnt ist.

Das **Goldersbachtal** teilt sich an der Teufelsbrücke in das Große und das Kleine Goldersbachtal und gehört mit seinen Talauen sicherlich zu den schönsten Schönbuchtälern. Umgeben ist es von urwaldartigem Schonwald, in dem jegliche forstliche Nutzung unterbleibt. Hier wachsen prächtige alte Bäume, darunter auch Kastanien. Heute wird versucht, durch gezielte Pflegemaßnahmen wieder feuchte Streuwiesen mit Orchideenstandorten zurückzugewinnen. Im Frühjahr findet man beispielsweise Knabenkräuter, Trollblumen oder Sumpfdotterblumen. Hier wachsen auch der Gelbe

Am See bei der Teufelsbrücke laichen im Frühjahr zahlreiche Frösche.

Eisenhut und die Kugelige Teufelskralle; im Tal sind insgesamt rund 390 Pflanzenarten und im Speziellen über neunzig Moosarten zu finden. Nicht wenige stehen auf der »Roten Liste« der aussterbenden Arten.

Retour benutzt man entweder denselben oder den direkt am See nach Süden führenden Weg, der an der Tellerbrücke in den anderen mündet.

Das **Zisterzienserkloster Bebenhausen** ist eine der am besten erhaltenen Klosteranlagen Deutschlands. Es wurde vermutlich um 1180 bis 1185 gegründet. Wie alle Zisterzienser wussten auch Bebenhausens Mönche zu wirtschaften: Von allen Klöstern, die 1534/35 von Herzog Ulrich bei der Einführung der Reformation in Württemberg aufgelöst wurden, war Bebenhausen das reichste. 1868 wurde im enge-

ren Klosterbezirk das ehemalige Gästehaus in ein königliches Jagdschloss umgebaut. Das Jagdhaus wurde 1918 Wohnsitz von Wilhelm II., nachdem er als letzter württembergischer König abgedankt hatte. Hier verstarb er 1921 auch, ebenso 1946 seine Frau, Königin Charlotte.

Nach dem Zweiten Weltkrieg war von Juni 1947 bis 1952 auf Anweisung der französischen Besatzungsmacht hier der Landtag von Württemberg-Hohenzollern untergebracht. Heute befindet sich im Kloster ein Zweigmuseum für mittelalterliche Kunst, auch das Schloss kann besichtigt werden. Außerdem findet man im Schreibturm ein Informationszentrum über den Naturpark Schönbuch.

■ **Zeit:**
Etwa 2 Stunden.

■ **Höhenunterschied:**
Unwesentlich.

■ **Empfohlene Karte:**
Freizeitkarte 523 Tübingen – Reutlingen, Landesvermessungsamt Baden-Württemberg.

■ **Einkehrmöglichkeiten:**
Bebenhausen.

■ **Grillmöglichkeiten:**
Teufelsbrücke.

■ **Wegbeschaffenheit/ Kinderwageneignung:**
Feste Wege.

53 Am Rande des Schönbuchs

Über den Schwärzlocher Hof nach Unterjesingen

Bei diesem kleinen Spaziergang gehen wir vom Tübinger West-bahnhof aus erst zum traditionsreichen Schwärzlocher Hof und dann weiter nach Unterjesingen, wo wir ein interessantes Museum besichtigen können. Retour fährt man mit der Ammertalbahn.

■ **Ausgangspunkt:**
Tübingen, Westbahnhof.

■ **Wegverlauf:**
Vom *Bahnhof* aus spazieren wir nach Westen, bis am Ortsende die Straße nach links oben zieht. Hier ist auch schon der Weg nach Schwärz-loch angeschrieben. Schöner als auf dem Sträßchen wandert man allerdings auf dem nach links abzwei-genden Weg. Er bringt uns parallel zur Straße nach *Schwärzloch*.

Schwärzloch war erst ein Dienst-mannensitz und wurde dann zum klösterlichen Gutshof des Klosters Blaubeuren umgewandelt. Es ist vor allem als »Mostburg«, als idyl-lisch gelegenes, traditionsreiches Ausflugslokal in der Nähe Tübin-gens bekannt. Die Gastwirtschaft befindet sich im ehemaligen Schiff der Sankt-Nikolaus-Kirche (12. Jh.). Außen an der Südwand (Hofseite), unterhalb des Dachansatzes, ist noch einfache spätgotische Bauplas-tik erhalten: Lisenen; romanische Rundbogenfriese, zum Teil mit Sym-bolen, Monstern und Fabeltieren sowie pflanzlichen Darstellungen.

Nach einer möglichen Einkehr hal-ten wir uns auf dem unterhalb des Hofes verlaufenden Weg nach links. Wir kommen an einem kleinen Biotop vorbei, in dem im Mai Gelbe Wasserschwertlilien blühen. Etwas

Im Schwärzlocher Hof lässt sich's gut einkehren.

141

später knickt der Weg nach rechts zum Hof Ammern ab.

Die westlich von Tübingen im Ammertal gelegene Siedlung **Ammerhof** ist eine herzoglich-württembergische Domäne. Sie gehörte seit 1171 zum Kloster Obermarchtal. Von dort kamen auch die mittelalterlichen Siedler, die das Anwesen in einen Eigenbetrieb des Klosters umwandelten. Zu Reformationszeiten war der Ammerhof eine Zufluchtsstätte der Tübinger Katholiken. Ein barockes Kleinod ist die in den Jahren nach 1730 vom Kloster Obermarchtal errichtete und 1807 profanierte Ammerhofkapelle von Johann Caspar Bagnato, dem Baumeister des Deutschen Ordens.

Wer kein festes Schuhwerk anhat, folgt nun dem Sträßchen bis zur Unteren Mühle und geht dann auf dem Radweg weiter nach *Unterjesingen*. Wer besser beschuht ist, nimmt den Feldweg, der vor dem niederen Fachwerkhaus nach links abgeht. Er bringt uns mit prächtigem Blick auf die Wurmlinger Kapelle zu einer Weggabelung an einem weiteren Biotop, wo wir uns mit dem Wanderzeichen roter Strich rechts halten. Kurz darauf stoßen wir auf die Landstraße und spazieren nach rechts nach *Unterjesingen*. Am Ortsbeginn liegt rechts die Station »Unterjesingen Mitte« der Ammertalbahn; ab hier fahren wir zurück nach Tübingen. Wer will, geht aber zuerst im Ort bis hoch zur B 28 und dort nach

links bis zur Kirche, hinter der in der alten Kelter das Isinger Dorfmuseum untergebracht ist.

Die zierliche spätgotische Pfarrkirche Sankt Barbara in **Unterjesingen,** eine Chorseitenturmanlage, gehörte ab etwa 1100 zum Kloster Blaubeuren, das hier auch Grundbesitz hatte. Zusammen mit dem Widumhof wurde sie 1404 an Württemberg verkauft. Der heutige Kirchenbau entstand 1470 bis 1494, wobei der Schlussstein im Südportal von 1484 stammt. Im Schiff befindet sich eine bemalte Holzdecke, im Chor ein Netzgewölbe mit Schlusssteinen. Auf den Konsolen der Gewölberippen sind Aposteldarstellungen zu sehen. Bemerkenswert sind auch die Epitaphien und Grabsteine. Die Ummauerung ist wohl ein Rest der früheren Wehranlage.

Das Rathaus stammt von 1750 und besitzt drei Rundbogentore; die Schlusssteine der Tore sind mit Wappen, die Fassade mit einem Fugennetz verziert. Hinter der Kirche steht die stattliche Rosecker Kelter (1784). Heute beheimatet sie das interessante Isinger Dorfmuseum mit dem Schwerpunkt »Weinbau«; sehenswert ist auch der Grabstein des Forstwächters Konrad Hausch (1849–1883). Der (Schilfsand-)Stein ist als Baumstamm geschaffen; als Symbole der Jagd sind Jagdhorn und Jagdtasche eingemeißelt.

■ **Zeit:**
Etwa 2½ Stunden.

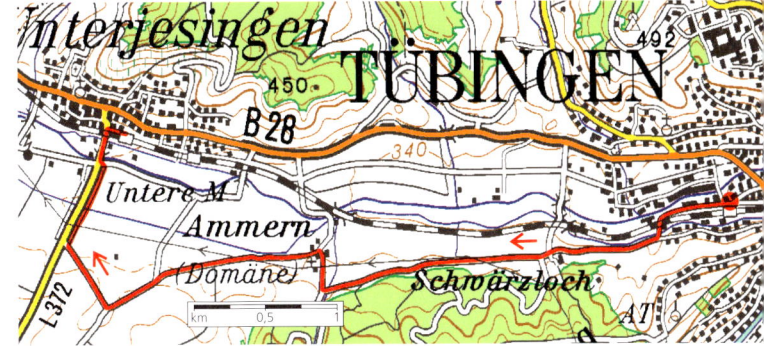

■ **Höhenunterschied:**
Unwesentlich.

■ **Empfohlene Karte:**
Freizeitkarte 523 Tübingen –
Reutlingen, Landesvermessungsamt
Baden-Württemberg.

■ **Einkehrmöglichkeiten:**
Tübingen, Schwärzlocher Hof,
Unterjesingen.

■ **Wegbeschaffenheit/
Kinderwageneignung:**
Befestigte Wege.

54 Neben dem mäandernden Fluss

Vom Betzenberg ins Schaichtal

**Wir erleben bei dieser Tour prächtige Schönbuchwälder, außerdem
das Schaichtal mit dem munter mäandernden Flüsslein und idyllischen Seerosenteichen. Es gibt verschiedene Möglichkeiten, das
Schaichtal zu erleben. Hier werden zwei davon beschrieben.**

■ **Ausgangspunkt:**
Parkplatz nördlich von Dettenhausen oder Dettenhausen selbst.

■ **Wegverlauf:**
Nördlich von Dettenhausen,
bevor es in Richtung Waldenbuch

wieder fällt, liegt östlich der Straße ein *Parkplatz*. Von ihm aus gehen wir auf dem nach Süden ziehenden Weg. Wir nehmen an Verzweigungen immer den abwärts führenden Weg und kommen nach einer Linkskurve hinab ins *Schaichtal*.

Es gibt zwei Ausgangsalternativen zu diesem Spaziergang. Die erste ist der Parkplatz beim Freibad in Dettenhausen, von dem aus man geradeaus in das Schaichtal hineingeht. Die zweite Möglichkeit: Wer mit der Schönbuchbahn anfährt, hält sich am Bahnhof in die Bismarckstraße (Wanderzeichen blauer Punkt, »Schaichtal«). Nach dem Rathaus biegt man nach rechts ab in die Bachstraße, an der nächsten Querstraße noch einmal zur Ampel und hier auf der Durchgangsstraße links bis zur Zufahrt zum Freibad.

Historiker vermuten, dass der keltische Gewässername **Schaich** dem ganzen Schönbuch seinen Namen gegeben haben könnte. Dieser wurde im 12. Jahrhundert urkundlich »Schainbuoch« genannt. Das noch naturbelassene Tal ist ab Dettenhausen eines der landschaftlich reizvollsten Täler des Schönbuchs, etwa acht Kilometer lang, mit vielen Seen und Tümpeln, zum Teil auch mit Seerosen. 1915 bezeichnete die Oberamtsbeschreibung Stuttgart die Schaich noch als »wilden Waldbach«. Bei Aichtal-Neuenhaus vereint sie sich mit der Aich.

Hier spazieren wir in derselben Richtung weiter. Wo nach etwa eineinhalb Kilometern rechts ein Grillplatz liegt, kann man das erste Mal nach links abzweigen und dem Weg hinauf auf den Betzenberg folgen. Wer mehr Kondition hat, spaziert noch geradeaus weiter, bis der mit dem blauen Punkt markierte Wanderweg kreuzt. Ihm kann man nach links folgen, er steigt jedoch steil an und verläuft anfangs auf einem Pfad. Der Weg kreuzt zweimal den als Alternative beschriebenen Forstweg, sodass man »umsteigen« kann. Ansonsten gehen wir geradeaus auf dem leicht ansteigenden Forstweg in Richtung »Funkturm« weiter. Der Weg knickt bald darauf nach links ab, etwas später quert der beschriebene Blaupunktweg. Wo der Forstweg auf einen Querweg trifft, biegen wir nach rechts ab und spazieren nun nur noch mäßig ansteigend hinauf auf

Im Schaichtal findet man viele Seen, in denen teilweise Seerosen wachsen.

den *Betzenberg*. Auch hier kann man dem querenden Blaupunktweg folgen. Auf dem Betzenberg biegen wir nach links ab und spazieren eben zurück zum Ausgangspunkt.

Der **Betzenberg** ist ein lang gestreckter Höhenrücken in West-Ost-Richtung, zwischen dem Aichtal im Norden und dem Schaichtal im Süden in ungefähr 500 Metern Höhe gelegen. Oben steht ein Turm der Funkübertragungsstelle der Post. Hier gab es früher viele kleine Steinbrüche, in welchen Stubensandstein gebrochen wurde, der unter anderem für das Ulmer Münster, den Kölner Dom oder das Münchener Rathaus Verwendung fand. Der Stubensandstein war schon in der Römerzeit, vor allem aber im Mittelalter, sehr begehrt. Außerdem fanden hier – in den lehmigen Schichten des Stubensandsteins – die Töpfer von Häfner-Neu-

hausen (heute Aichtal-Neuenhaus) ihren Ton.

Der Höhenzug weist zahlreiche Stellen früher Besiedlung auf: fünf Grabhügelgruppen aus der Hallstattzeit im Osten, bei den Braunäckern nahe der alten B 27 eine als archäologisches Denkmal eingetragene keltische Viereckschanze, vermutlich eine kultische Anlage, am Abhang zur Burkhardtsmühle Reste von Grabmälern, außerdem römische Funde (Merkurrelief). Am Dettenhäuser Sträßle, das von der alten B 27 vorbei an der keltischen Schanze zum 125 Meter hohen Richtfunkturm führt, wachsen einige Mammutbäume, wobei der bei den Braunäckern stehende Einzelbaum mit knapp fünfzig Metern Höhe der höchste des ganzen Naturparks ist.

Anschließend kann man **Dettenhausen** besuchen. Sehenswert ist insbesondere das Schönbuchmuseum, Ringstraße 3. Gezeigt

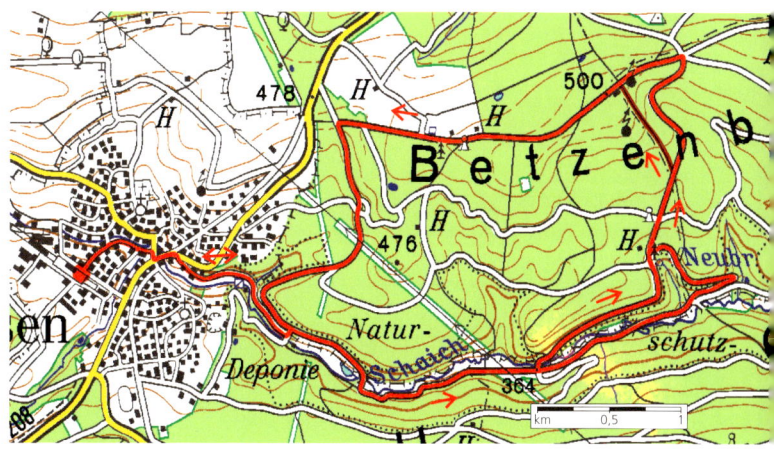

werden Exponate zur Jagd, zur wirtschaftlichen Nutzung des Waldes und zum Steinhauerhandwerk. Auskunft gibt es unter Telefon (0 71 57) 1 26-32 oder 6 62 14. Dahinter liegt das Kathreehäusle, Kirchstraße 15, ein winziges Häuschen, fast ein Puppenhaus, mitsamt dem alten Inventar. Auf weniger als 15 Quadratmetern lebten in dem 1839 erbauten Haus zeitweise bis zu sieben Personen! Zu sehen ist die Einrichtung der letzten Bewohnerin, der 1951 verstorbenen Kathree Oßwald. Auskunft ist ebenfalls unter Telefon (0 71 57) 1 26-32 erhältlich.

■ **Zeit:**
Etwa 3½ Stunden.

■ **Höhenunterschied:**
Etwa 140 Meter.

■ **Empfohlene Karte:**
Landkreis Tübingen, Landesvermessungsamt Baden-Württemberg.

■ **Einkehrmöglichkeiten:**
Dettenhausen.

■ **Grillmöglichkeiten:**
Am Parkplatz, im Schaichtal.

■ **Wegbeschaffenheit/ Kinderwageneignung:**
Schotterwege.

■ **Sonstiges:**
Freibad in Dettenhausen.

55 Erinnerung an die Kelten

Geschichtlicher Lehrpfad Echterdingen

Ziel dieses Spaziergangs sind die in der Art eines Freilichtmuseums mitten im Wald aufgestellten keltischen Skulpturen. Der auf der Weidacher Höhe im Gebiet Federlesmahd liegende Lehrpfad führt in die Archäologie des Schönbuchs ein; seine Themen sind Geologie, Heimatkunde und Waldgeschichte. Einbezogen sind die »Riesenschanze« und ein Grabhügelfeld aus der Keltenzeit.

■ **Ausgangspunkt:**
Wanderparkplatz Riesenschanze auf der Weidacher Höhe, Wohngebiet Kelterrain, LE-Echterdingen.

■ **Wegverlauf:**

Gleich am *Parkplatz* finden wir zwei Tafeln. Dann nehmen wir den Alten Postweg (Pflanzschulallee), der nach der Schranke in den Wald führt.

Die alte **Poststraße,** auch Schweizer Straße genannt, war früher eine wichtige Handelsverbindung und Poststrecke. Der alte Weg wurde 1753 unter Herzog Carl Eugen als Kunstbau »chaussiert«. Die Straße führte über Echterdingen, vorbei an der Schlösslesmühle im Siebenmühlental, über Waldenbuch, Dettenhausen und Pfrondorf nach Lustnau bei Tübingen, wo sie sich mit der Rheinstraße vereinigte. Sie war die kürzeste Verbindung zwischen Stuttgart und Tübingen, den damals wichtigsten Städten Württembergs. Weiter führte sie über Ofterdingen, Hechingen, Balingen und Rottweil und bis Schaffhausen. Ursprünglich war sie eine reine Höhenstraße, die die Täler mied. An Bedeutung verlor sie erst nach dem Bau der Eisenbahn durch das Neckartal.

Berühmt als Raststätte – und auch von Goethe besucht und erwähnt – war der »Hirsch« in Echterdingen. »Wenn wir uns sonst auf dieser Welt nicht mehr sehen, im Hirsch z' Echterdingen treffen wir uns«, so besagte ein alter Spruch. Bereits 1793 wurde die Straße von Schiller befahren, Goethe bereiste sie 1797 im Verlauf seiner Schweizreise. Auch Ludwig Uhland, »das Gewissen Deutschlands«, wie er oft genannt wurde, ist auf ihr zwischen 1810 und 1820 oft zum Landtag nach Stuttgart marschiert. Seine Tagebücher erwähnen die Stadt Waldenbuch immerhin 15 Mal. Auch

Am Geschichtlichen Lehrpfad Echterdingen finden wir einige Nachbildungen keltischer Stelen und Grabdenkmäler.

Hölderlin, Mörike, Gerok, Schwab und Waiblinger waren auf ihr unterwegs. Und am 11. Februar 1825 hat sich Hauff auf dem Tisch der Waldenbucher »Krone« verewigt. Erst 1886 wurde sie durch den Vorgängerbau der früheren B 27 ersetzt. Die Oberamtsbeschreibung stellte 1851 zur Schweizer Straße fest: »Die Straße ist sehr wellenförmig und wechselt ununterbrochen mit Steigen und Fallen.«

Hier zweigt bald vor der Forststraße nach links ein Pfad ab, der uns zu zwei weiteren Tafeln führt. Nach der zweiten gehen wir nach rechts zur Forststraße. Etwas rechts davon sehen wir vor einer Art überdachter Halle eine Spielwiese mit Grillmöglichkeit, Tischen und Bänken. Der Lehrpfad allerdings führt nach links. An der Verzweigung gleich darauf gehen wir geradeaus weiter. Nach einiger Zeit zweigen wir an einem querenden Pfad nach rechts ab. Vorher kann man geradeaus noch einen Abstecher zu einer weiteren Station machen. Wir kommen nun zu einer romantischen, mit Birken bewachsenen *Lichtung*.

Auf der Lichtung befinden sich ein rekonstruierter **keltischer Grabhügel** und Nachbildungen von fünf Abgüssen von Steinstelen aus der Hallstatt- und La-Tène-Zeit, darunter auch die des Kriegers von Hirschlanden. In der Umgebung liegen zahlreiche weitere Grabhügel.

Beim Weitergehen überqueren wir eine Forststraße und spazieren geradeaus weiter. Bald folgen wir dem Wanderzeichen rotes Kreuz zur keltischen *Riesenschanze*. Hier biegen wir nach rechts ab und kommen zurück zur erwähnten *Spielwiese,* wo wir uns links halten und zurück zum *Parkplatz* spazieren.

Zusätzlich können wir auf der anderen Seite der historischen Schweizer Straße (oder Alten Poststraße) ein Stück am Waldrand bis zur Kaiserlinde entlangwandern (Wanderzeichen roter Strich). Eine herrliche Aussicht über die Fildern und den Flugplatz belohnt uns.

■ **Zeit:**
Etwa 1 Stunde.

■ **Höhenunterschied:**
Unwesentlich.

■ **Empfohlene Karte:**
Freizeitkarte 520 Stuttgart, Landesvermessungsamt Baden-Württemberg.

■ **Wegbeschaffenheit/ Kinderwageneignung:**
Naturwege.

56 Idyllischer Waldweiher bei Plattenhardt

Zum Bärensee

Der Bärensee zwischen dem Siebenmühlental und Plattenhardt ist ein stiller Waldsee, der mit seiner baumbestandenen Insel in der Mitte einen idyllischen Eindruck vermittelt. Von Plattenhardt aus ist er mit einem schönen Spaziergang zu erreichen. Unterwegs kommen wir an Tafeln eines Lehrpfades vorbei.

■ **Ausgangspunkt:**
Filderstadt-Plattenhardt.

■ **Wegverlauf:**
Wir parken bei der *Weilerhauhalle* oberhalb von Plattenhardt, am besten nach der Halle auf den Parkplätzen hinter dem letzten Tennisplatz. Dann halten wir uns zwischen dem Tennisplatz und den großen Parkflächen links und gehen bis zu deren Ende, wo wir nach rechts abbiegen. Vorbei an einer Wiese kommen wir in den Wald und gehen auf dem Schotterweg immer geradeaus weiter, bis wir an einer Kreuzung rechts den *Bärensee* sehen.

Der 1,2 Hektar große **Bärensee** oberhalb der Kochenmühle im Siebenmühlental wurde 1970 angelegt. An Tieren findet man hier unter ande-

ren den Bergmolch, das Blässhuhn, Graureiher und Fasanen.

Wir biegen nach rechts ab, spazieren am See vorbei und kommen nach ihm zu einem Asphaltsträßchen. Hier halten wir uns rechts. Es geht an einer Hütte und einer Grillmöglichkeit vorbei, danach zieht die Straße nach links und bergauf. Bald quert ein Schotterweg, auf dem wir rechts zurück zum *Ausgangspunkt* spazieren.

Viele Spaziergänge haben den Bärensee zum Ziel.

■ **Empfohlene Karte:**
Freizeitkarte 520 Stuttgart, Landesvermessungsamt Baden-Württemberg.

■ **Grillmöglichkeit:**
Nach dem Bärensee.

■ **Wegbeschaffenheit/ Kinderwageneignung:**
Wir gehen auf geschotterten Wegen und auf einem Sträßchen.

■ **Zeit:**
Etwa 1½ Stunden.

■ **Höhenunterschied:**
Etwa 50 Meter.

■ **Sonstiges:**
Schwimmbad am Ausgangspunkt.

57 Durch den Wald zur Aussicht

Zum Uhlbergturm

Der Uhlbergturm bietet uns eine herrliche Aussicht zur Schwäbischen Alb. Wer will, kann den kurzen Spaziergang, der von Plattenhardt aus zu dem Turm führt, auch verlängern.

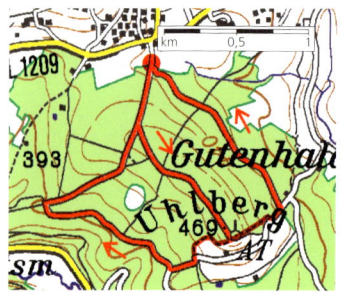

■ **Ausgangspunkt:**
Filderstadt-Plattenhardt, Wanderparkplatz Uhlberg.

■ **Wegverlauf:**
Südlich von Plattenhardt stößt man auf eine Querstraße, die nach rechts nach Waldenbuch und nach links nach Bonlanden führt. Nach ein paar Metern in Richtung Wal-

denbuch biegen wir links ab zum Schlattweg und folgen ihm zum *Parkplatz* am Waldrand. Wir spazieren von hier aus leicht ansteigend direkt in den Wald hinein und halten uns nach 400 Metern an der Verzweigung links. Der Forstweg bringt uns zum *Uhlbergturm*.

Auf dem **Uhlberg** steht ein 25 Meter hoher Aussichtsturm des Schwäbischen Albvereins, der 1963 anlässlich der 75-Jahr-Feier errichtet wurde. Es ist der dritte Turm in der Geschichte des früher Rottenberg genannten Uhlbergs. Der erste wurde 1890 von Forstwart Digel mittels eigener und gestifteter Gelder aus Fichtenstämmen errichtet; bereits 1902 folgte sein Abbruch. Am 11. Oktober 1903 weihte man den neuen, 22 Meter hohen Holzturm mit massivem Sandstein-Unterbau ein. Dieser Turm erlitt später Schäden durch den Hausbockkäfer. Der jetzige Turm besteht ganz aus Stein und bietet einen herrlichen Blick auf die lang gestreckte Kette des Albtraufs von den Kaiserbergen im Osten bis zu den Tausenderbergen der Balinger Alb im Südwesten mit den hervorstehenden Erhebungen Teck, Hohenneuffen, Hohenurach und Achalm. Im Nahbereich sieht man das »Waldmeer« des Schönbuchs und Waldenbuch. Der Blick zu den Fildern ist leider zugewachsen.

Die Ortsgruppe Plattenhardt des Schwäbischen Albvereins feiert hier alljährlich am 1. Mai ein traditionelles Hammelessen. Am Südhang

Der Aussichtsturm auf dem Uhlberg bietet eine prächtige Sicht zur Schwäbischen Alb.

des ursprünglich zu Neuenhaus gehörenden, 1832 von Bonlanden gekauften Uhlbergs befanden sich früher 36 Morgen Weinberge. Die letzten Rebstöcke wurden erst 1978 entfernt. Der bereits 1474 erwähnte Weinbau ging in der zweiten Hälfte des 19. Jahrhunderts stark zurück. Unterhalb der ehemaligen Weinberge steht eine frühere Kelter, die 1718 anstelle eines Vorgängerbaus errichtet wurde. Jetzt dient sie dem Schwäbischen Albverein als bewirtschaftetes Vereinsheim.

Nach einer Rast und einer eventuellen Besteigung kann man auf demselben Weg zurückgehen. Die

151

beiden möglichen Varianten bringen erst einen Abstieg mit sich, danach geht es wieder bergauf. Schöne Touren durch den Wald sind sie aber auf jeden Fall.

Wer den Spaziergang also erweitern will, kann sich am Turm links halten. Es geht erst steil bergab, dann biegen wir an einem breiten Waldweg nach links ab und spazieren relativ eben zurück zum *Parkplatz*. Wer sich am Turm rechts hält, geht am Waldrand entlang zu einem querenden breiten Weg und biegt auf ihm nach rechts ab. An der nächsten Kreuzung biegt man nach rechts ab und wandert, bis man auf den mit dem roten Kreuz markierten Weg trifft, der von links von der Burkhardtsmühle kommt. Auf ihm geht man nach rechts, ignoriert, dass der markierte Wanderweg nach einem Linksknick nach rechts abzweigt und spaziert zurück zum *Ausgangspunkt*. Wer will, macht anschließend einen Bummel durch Plattenhardt.

Plattenhardt (427 m) ist ein Straßendorf, daher auch die sprichwörtliche Aussage »grad so lang wie Plattert«. Die spätgotische Chorturmkirche Sankt Antholianus mit netzrippengewölbtem Vieleckchor und Sakristei birgt einige Sehenswürdigkeiten, so unter anderem ein Kruzifix von Anfang des 16. Jahrhunderts. Bei der Renovierung 1964 wurden mehrfach übermalte Renaissance- und Barockwandmalereien entdeckt; außerdem unter dem Altar Ausgrabungen einer einschiffigen Saalkirche aus dem 11./12. Jahrhundert. Im evangelischen Pfarrhaus (18. Jh.) »wohnte und wirkte« Eduard Mörike 1829 ein gutes halbes Jahr als Vikar. Hier fand er »das süßeste Glücke meines Lebens«, nämlich die Pfarrerstochter Luise Rau.

Der Pfarrhausbrunnen von 1723 ist einer der ältesten Brunnen der Fildern. Man findet noch ein paar alte Häuser; auffallend ist der »Schnecken« an der Hauptstraße, ein Fachwerkhaus aus dem 16. Jahrhundert. Der Name kommt von einer außergewöhnlichen gotischen Steinwendeltreppe. Das Alte Rathaus stammt aus dem 17. Jahrhundert, das von Christian Leins erbaute Schulhaus von 1867. Das Gemeindebackhaus wurde 1844 errichtet. Eine traditionelle Schildwirtschaft ist das 1833 erbaute Gasthaus »Zur Sonne«.

■ **Zeit:**
Nur Uhlberg etwa 1 Stunde.

■ **Empfohlene Karte:**
Freizeitkarte 520 Stuttgart, Landesvermessungsamt Baden-Württemberg.

■ **Einkehrmöglichkeit:**
Uhlbergturm.

■ **Wegbeschaffenheit/ Kinderwageneignung:**
Schotterwege; mit Kinderwagen sollte man auf dem Anmarschweg zurückgehen.

Albvorland und Filder

58 Ausgangspunkt im Fachwerkstädtchen

Grötzinger Felder-Spaziergang

Grötzingen ist ein schönes Städtchen mit einigen alten Fachwerkhäusern. Wir spazieren von hier aus über die Felder nördlich des Ortes. Besonders interessant ist diese Tour, wenn die Felder bewachsen sind. Während der kalten Jahreszeit ist diese Landschaft weniger empfehlenswert, weil alles kahl ist.

■ **Ausgangspunkt:**
Aichtal-Grötzingen.

■ **Wegverlauf:**
Die ehemalige Stadt **Grötzingen** wurde 1304/1316 südlich des 1075 erstmals genannten gleichnamigen Dorfes gegründet. Dieses entstand wohl schon im 4. Jahrhundert und wurde dann zur Wüstung. Die

Stadtgründung diente vielleicht der gegen die Grafen von Württemberg gerichteten Politik Rudolfs von Habsburg. Die Württemberger konnten den Ort jedoch 1337 kaufen. Sie machten Grötzingen zum Sitz eines Amtes, zu dem Aich, Neuenhaus, Neckartailfingen, Neckartenzlingen und Wolfschlugen gehörten. Das Amt bestand bis ins frühe 16. Jahrhundert, dann wurde es dem benachbarten Amt Nürtingen zugeschlagen. 1388 und 1393 im Krieg der Reichsstädte gegen Württemberg wurde die Stadt schwer in Mitleidenschaft gezogen.

Die mächtige spätgotische Kirche Sankt Otmar wurde Mitte des 15. Jahrhunderts erbaut, vermutlich auf Fundamenten aus dem 13. Jahrhundert. Der Turm stammt wohl auch aus dem 13. Jahrhundert. Er besitzt eine erhöht liegende Tür zu einer Steintreppe. In der Kirche sind ein sechssitziges Chorgestühl aus der Bauzeit und mittelalterliche

Fresken zu finden. Im Ort sieht man schöne Fachwerkhäuser aus dem 16. Jahrhundert, ein malerisches altes Schulhaus und die teilweise noch erhaltene Stadtmauer.

Wir gehen von der *Kirche* aus durch die Hindenburgstraße nach Norden bis zur Ampel an der Durchgangsstraße. Hier spazieren wir geradeaus weiter in der Harthäuser Straße in Richtung »Friedhof«. Er liegt dort rechts der Straße, wo der Höhenweg nach rechts abgeht. Wir spazieren auf diesem Weg entlang; kurz nach ihm müssen wir uns entscheiden. Wer nur auf festen Wegen gehen will, spaziert parallel zur Straße geradeaus weiter bis *Harthausen*.

Schöner ist es jedoch, wenn wir kurz nach dem Friedhof an einem Gehölz mit einer Bank nach rechts abzweigen. Allerdings müssen wir bei dieser Variante jeweils ein Stück auf einem Naturweg und über eine Wiese spazieren. Der unbefestigte Weg bringt uns nach rechts zu einem Wäldchen, wo wir auch das Wanderzeichen blauer Punkt entdecken. Entlang des *Weilerbaches* gehen wir nun, später ohne Weg, aber immer unsere Richtung beibehaltend, bis wir an einem Bauernhof vorbeikommen. An der Voliere und dem Gasthaus danach biegen wir nach links ab zur Landstraße. Hierher kommen auch diejenigen Spaziergänger, die auf dem festen Weg gewandert sind. Wir gehen kurz nach *Harthausen* hinein, dann biegen wir in der Carl-Zeiss-Straße

nach rechts ab. Sie bringt uns mit dem Zeichen blaues Kreuz aus dem Ort hinaus.

Kurz nach den Häusern folgen wir dem Radwegschild nach Grötzingen nach rechts bis zu einem querenden Weg. Hier biegen wir nach links ab und gehen mit herrlicher Sicht zur Schwäbischen Alb mit dem Hohenneuffen bis zu einem querenden Sträßchen, wo wir links eine mächtige alte Linde sehen. Auf der Bank unter der Linde kann man gut pausieren. Wir biegen nach rechts ab und gehen durch das Altgrötzinger Tal zurück nach *Grötzingen*. Unterwegs kommen wir an einem alten gusseisernen Wegweiser vorbei. An der Durchgangsstraße im Ort biegen wir nach rechts ab und gehen zur Ampel, nach links spazieren wir zurück zur *Kirche*.

■ **Zeit:**
Etwa 2 Stunden.

■ **Höhenunterschied:**
Etwa 80 Meter.

■ **Empfohlene Karte:**
Freizeitkarte 520 Stuttgart, Landesvermessungsamt Baden-Württemberg.

■ **Einkehrmöglichkeiten:**
Vor Harthausen, Grötzingen.

■ **Wegbeschaffenheit/ Kinderwageneignung:**
Je nach Route: asphaltierte Wege oder teilweise Naturwege.

59 Schön zu jeder Jahreszeit

Um die Wernauer Baggerseen

Dieser Spaziergang führt uns zu den idyllischen Wernauer Baggerseen und eventuell zur sehenswerten Plochinger Innenstadt.

■ **Ausgangspunkt:**
Wernau.

■ **Wegverlauf:**
Wir parken im Stadionweg bei den Sportplätzen. Dann folgen wir in Verlängerung des Stadionwegs dem Weg entlang des Neckars. Kommt man mit der S-Bahn, geht man von der *Haltestelle Wernau*

Die Wernauer Baggerseen – ein Paradies für viele Vogelarten

Richtung »Festgelände« zum Steg, überquert den Neckar und geht links weiter.

Nun spazieren wir mit den Schildern des Naturlehrpfads entlang des Neckars. Nach den Seen und einem Spielplatz mit Grillmöglichkeiten erreichen wir die Fischerhütte. Zurück geht es auf demselben Weg.

Man kann den Spaziergang aber auch verlängern, indem man nach Plochingen weitergeht, wo man in die S-Bahn einsteigen kann. Dazu spaziert man am Neckar entlang. Nach den Brücken (B 313, B 10) ziehen Neckar und Weg nach links. Bei der Brücke mit markanten Ziegelsteinbögen überqueren wir den Neckar, halten uns rechts, gehen durch die Unterführung und unterqueren die folgende Straße. In der folgenden Marktstraße finden wir rund um die Kirche ein prächtiges Fachwerkensemble. Ansonsten biegen wir links ab. Der Fußgängerzone, später der Straße Am Fischerbrunnen folgend erreichen wir die Esslinger Straße. Wir folgen ihr geradeaus, biegen links ab in

die Bahnhofstraße und kommen
zur S-Bahnstation. Wer zurück nach
Wernau muss, spaziert jedoch nach
der Fußgängerzone auf demselben
Weg zurück.

■ **Zeit:**
Entlang der Seen insgesamt etwa
1 ½ Stunden, Wernau-Plochingen
einfach etwa ¾ Stunde.

■ **Höhenunterschied:**
Keiner.

■ **Empfohlene Karte:**
Wanderkarte Göppingen Schorn-
dorf, Landesvermessungsamt Baden-
Württemberg.

■ **Einkehrmöglichkeiten:**
Sportplätze, evtl. Fischerhütte,
Plochingen.

■ **Grillmöglichkeit:**
Bei der Fischerhütte.

■ **Wegbeschaffenheit/
Kinderwageneignung:**
Asphalt- und Schotterwege.

60 Denkendorfer Waldtour

Über den Sauhag

**Über den Sauhag bei Denkendorf führt ein schöner Spaziergang,
bei dem man sich die ganze Zeit im Wald aufhält. Dies hat im Frühjahr seine Reize, wenn der Wald in hellem, lichtem Grün strahlt,
und im Herbst, wenn er in seiner ganzen Farbenpracht prangt. Im
Sommer ist man froh, in seinem Schatten Kühlung zu finden.**

■ **Ausgangspunkt:**
Denkendorf.

■ **Wegverlauf:**
Wir fahren in Denkendorf in das
südlich des Ortes gelegene Gewer-

begebiet und hier links des Baches
auf dem Breitwiesenweg in Richtung »Schützenhaus«. Hier parken
wir auf dem *Wanderparkplatz* und
gehen in derselben Richtung weiter.
Bald unterqueren wir die riesige

*Ein Spaziergang durch den Wald ist
zu jeder Jahreszeit schön, am farben-
prächtigsten aber ist es im Herbst.*

Autobahnbrücke und etwas später kommen wir zu einer Verzweigung. Nach links weist der mit dem roten Strich markierte Wanderweg, rechts führt der mit dem blauen Punkt gekennzeichnete Weg eben weiter; er wird unser Rückweg sein. Wir nehmen aber den mittleren Weg, der etwas ansteigt.

Wer nicht die ganze Tour unternehmen will, kann auch auf dem rechten Weg weiterspazieren, solange er will – vielleicht bis zum Schild mit der Erklärung der römischen Villa – und dann wieder zurückgehen. Ansonsten steigt es sanft an. Der Weg knickt bald darauf nach links ab, und etwas später mündet der Rotstrichweg ein. Danach biegen wir nach rechts in das Sauhagsträßle ab. Es führt uns immer geradeaus über den bewaldeten Bergrücken, schließlich zieht es nach rechts und fällt ab zu einem Querweg. In diesen biegen wir nach rechts ein und marschieren zurück zum Ausgangspunkt. Unterwegs treffen wir auf ein interessantes Erklärungsschild zu einer römischen Villa mit einem Merkurheiligtum, das man hier gefunden hat.

Wenn man schon in der Gegend ist, sollte man sich nach dem Spaziergang auch

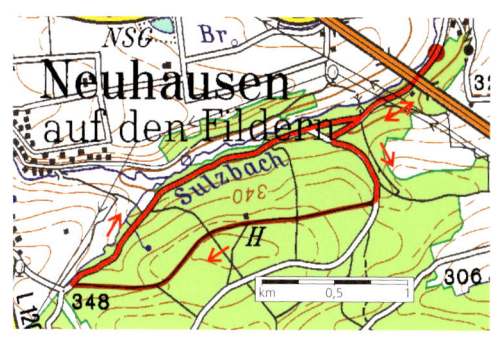

gleich das Kloster Denkendorf ansehen.

Das Gebiet um **Denkendorf** war bereits vor 700 v. Chr. besiedelt, wie man aus Bodenfunden aus der Keltenzeit schließt. Der Ort wurde vor 1129 in einer Urkunde erwähnt, in welcher stand, dass das Kloster von Papst Honorius II. unter seinen Schutz genommen wurde. Sehenswert sind die ehemalige Kelter und die Zehntscheuer des Klosters. Das dem heiligen Pelagius geweihte Kloster gehörte dem Orden der Chorherren vom Heiligen Grab. Es wurde von einem Edlen Bertholdus nach 1128 gestiftet. Um 1130 wurden dem Stift päpstlicher Schutz und freie Propstwahl zugestanden; auf dem Markgröninger Hoftag 1139 gewährte König Konrad III. den Schutz des Reiches und das Recht der Vogtwahl. 1252 wurde die Schirmvogtei an Graf Ulrich von Württemberg verpfändet. Durch diese enge Verbindung zu den Württembergern wurde das Kloster in den Krieg mit den Reichsstädten einbezogen. Im 15. Jahrhundert zerstritt sich der Konvent. 1535 in der Reformation kam dann das Ende, 1553 wurde in der Anlage eine evangelische Klosterschule eingerichtet. Sie bestand bis 1584, eine weitere gab es von 1713 bis 1810.

Das Langhaus der heutigen Anlage wurde ab etwa 1200 erbaut. Der Westturm stammt noch von einer Vorgängerkirche aus dem 11. Jahrhundert. Die Schiffe wurden in der Gotik verändert. In der Krypta befindet sich eine Nachbildung des heiligen Grabes. Die Vorhalle besitzt ein gotisches Portal; die Fresken in der Krypta stammen von 1515, die Kanzel wohl von 1518.

■ **Zeit:**
Etwa 2 Stunden.

■ **Höhenunterschied:**
Etwa 80 Meter.

■ **Empfohlene Karte:**
Freizeitkarte 520 Stuttgart, Landesvermessungsamt Baden-Württemberg.

■ **Einkehrmöglichkeiten:**
Denkendorf.

■ **Wegbeschaffenheit/ Kinderwageneignung:**
Man geht auf Schotterwegen.